Ma première encyclopédie visuelle Larousse

Virginie Aladjidi

Caroline Pellissier

Olivier Latyk

SOMMAIRE

Nous, les Hommes 8

Le bébé 8-9

Notre corps 10-11

Nos émotions 12-13

Les vêtements 14-15

Les inventions et découvertes 16-17

Les grands personnages de l'Histoire 18-19

En action ! 20

Les sports 20-21

La musique 22-23

Les métiers 24-25

Les machines 26-27

Le jardinage 28-29

La cuisine 30-31

Les animaux 32

Les dinosaures 32-33

Les poissons 34-35

Les animaux imaginaires 36-37

Les arthropodes 38-39

Les reptiles et les amphibiens 40-41

Les mammifères 42-43

Les oiseaux 44-45

Les mollusques 46-47

Autour du monde 48

Dans le ciel 48-49

La Terre 50-51

En France 52-53

Le monde 54-55

Les maisons 56-57

Le cycle de l'eau 58

Les nuages 59

La météo 60-61

Tout ce qui pousse 62

Les fruits 62-63

Les légumes 64-65

Les champignons 66-67

Les arbres 68-69

Les fleurs 70-71

En route 72

Les engins volants 72-73

Les engins de l'espace 74-75

Les engins flottants 76-77

Les véhicules terrestres 78-79

Les véhicules professionnels 80-81

Les engins de chantier 82-83

En train 84-85

Index 86

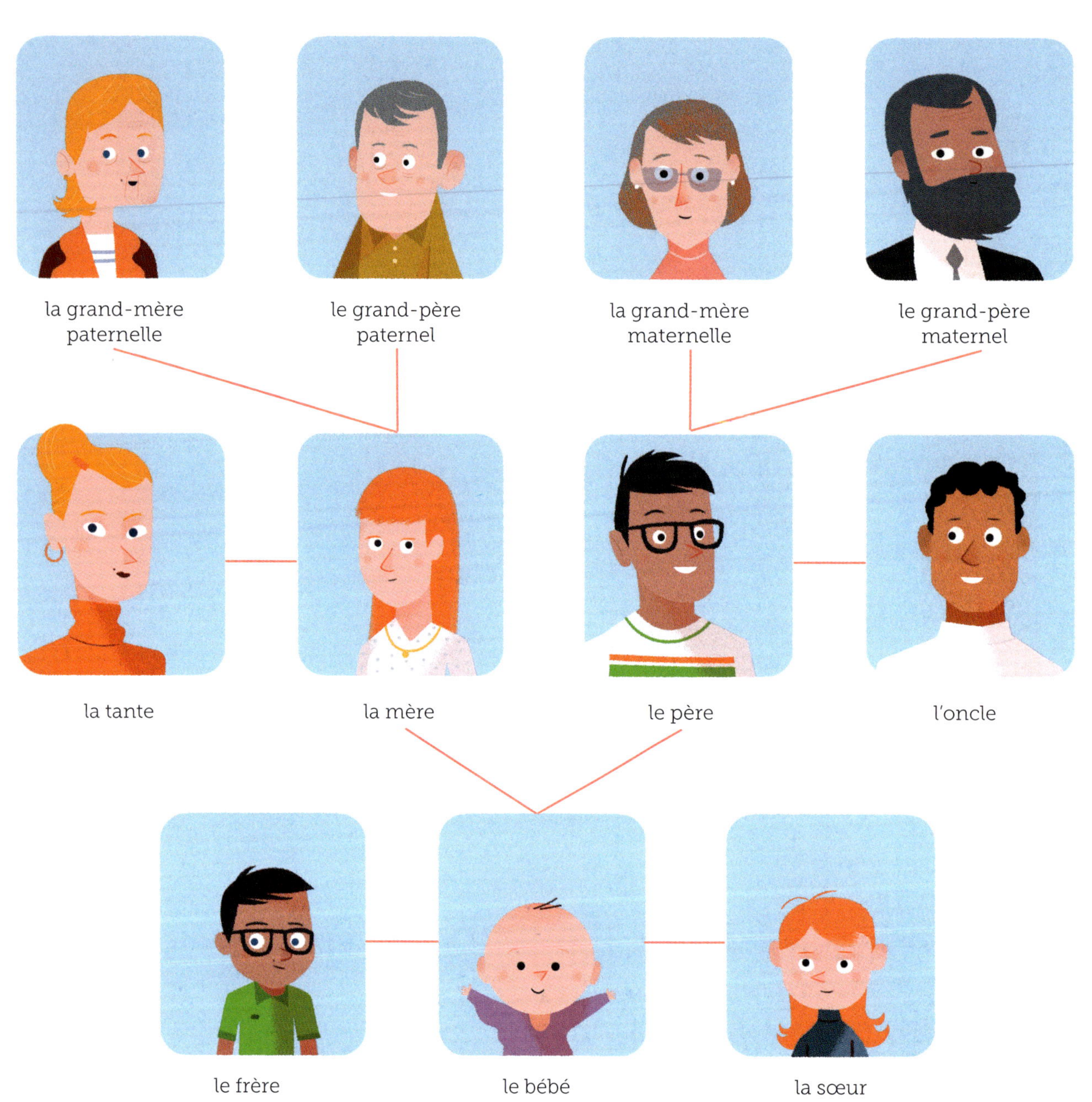

L'arbre généalogique de la famille

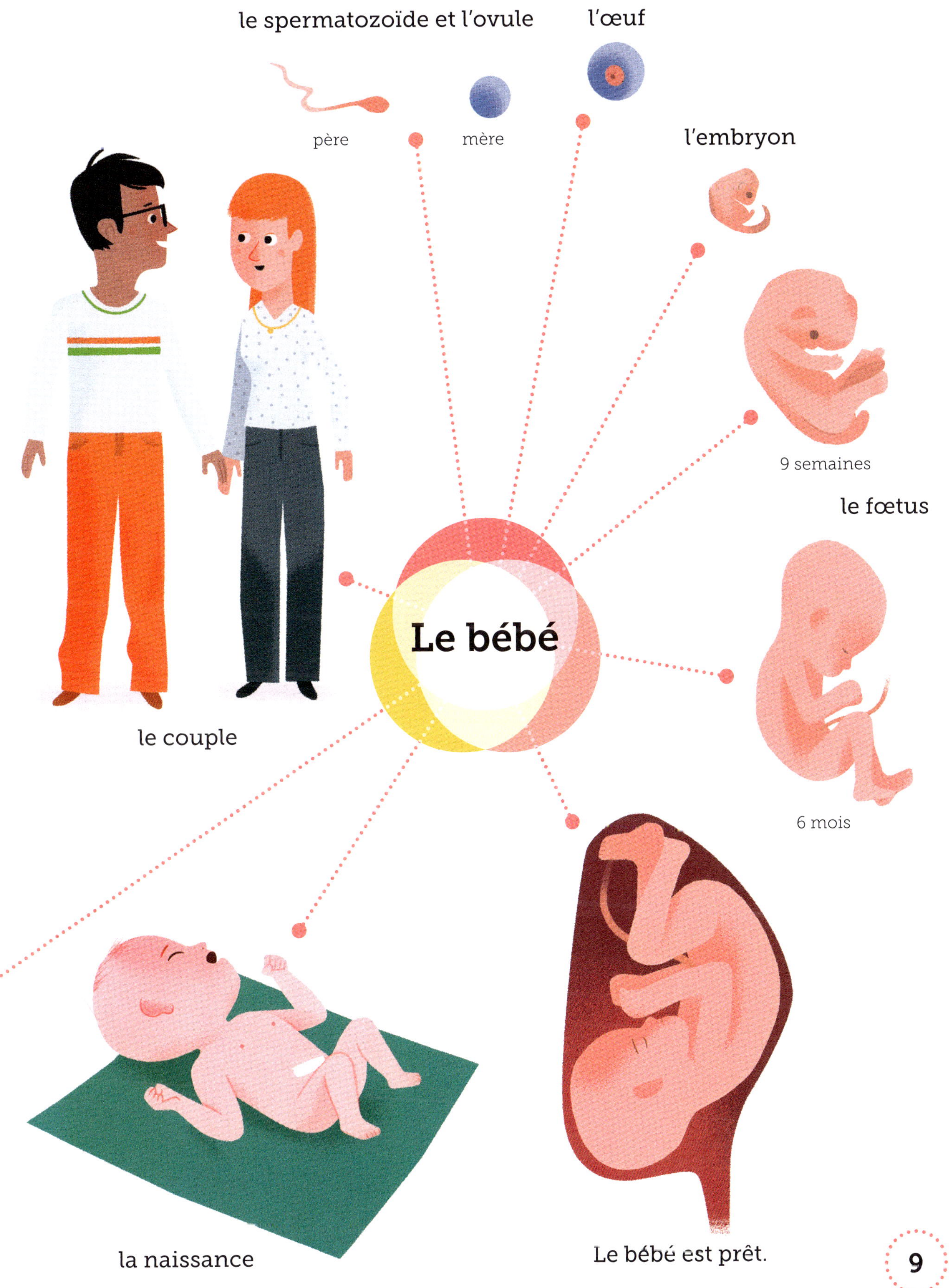

le spermatozoïde et l'ovule
l'œuf
père
mère
l'embryon
9 semaines
le fœtus
6 mois
Le bébé
le couple
la naissance
Le bébé est prêt.

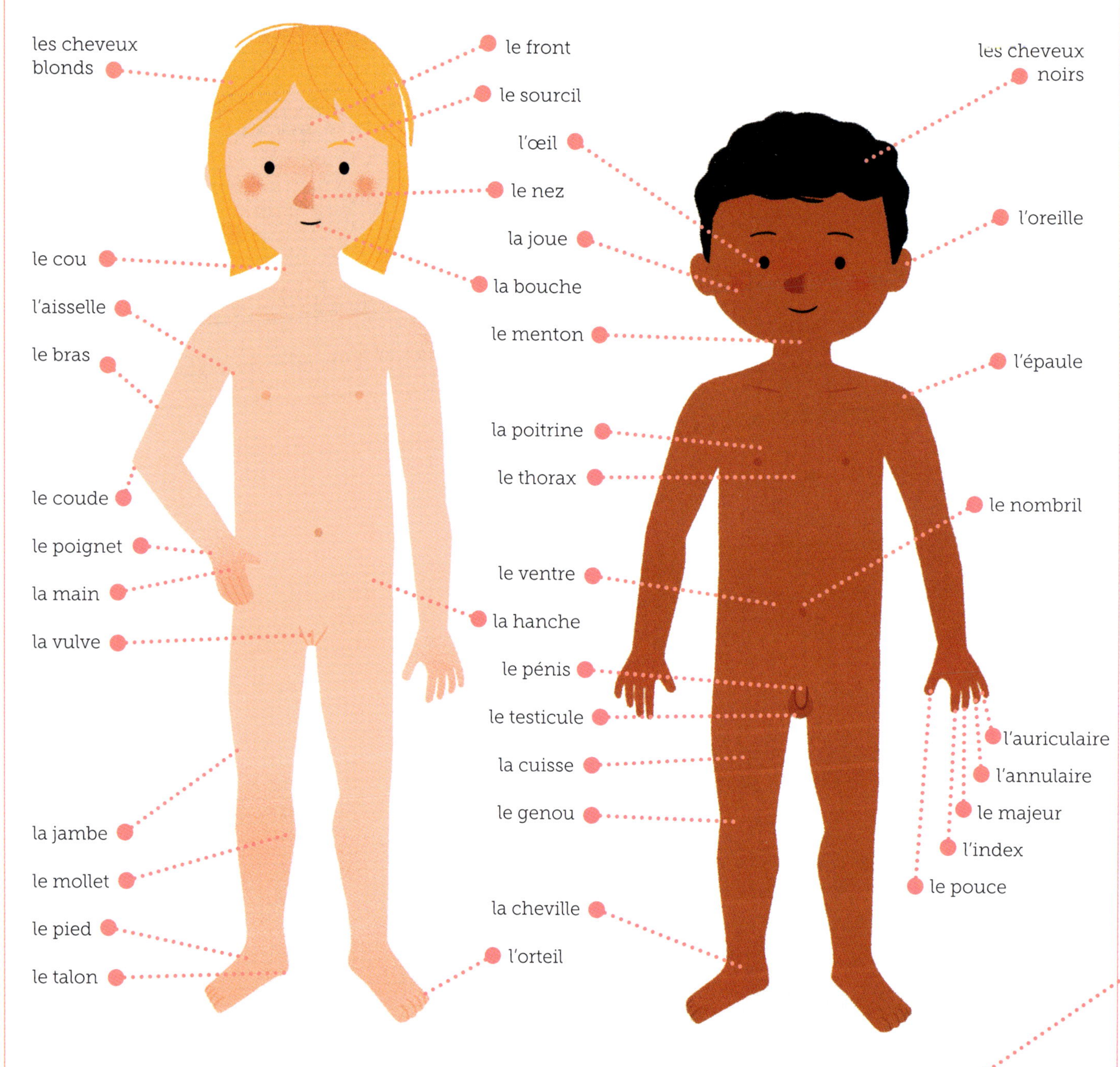

Une fille, un garçon

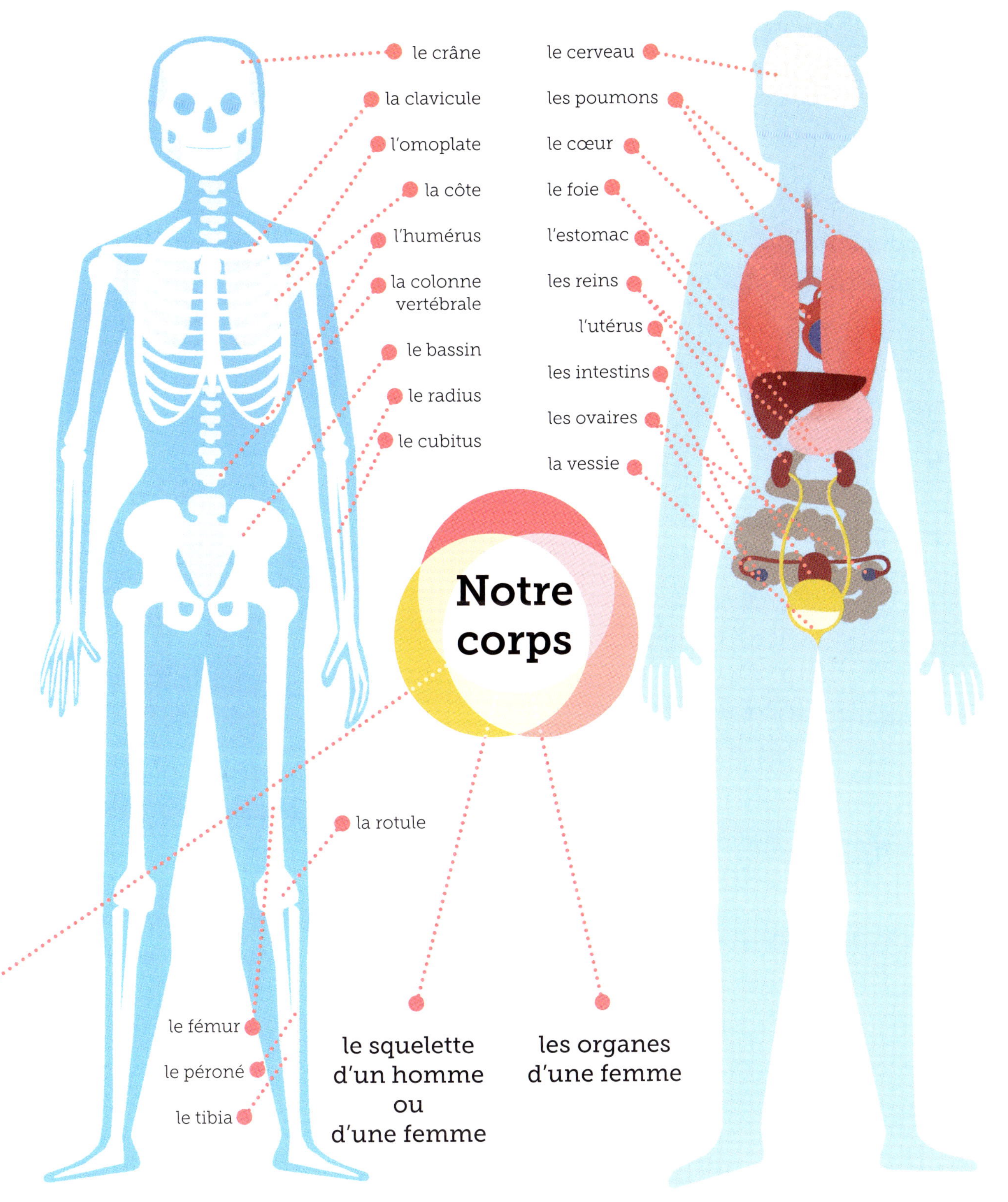

le crâne
la clavicule
l'omoplate
la côte
l'humérus
la colonne vertébrale
le bassin
le radius
le cubitus
la rotule
le fémur
le péroné
le tibia
le cerveau
les poumons
le cœur
le foie
l'estomac
les reins
l'utérus
les intestins
les ovaires
la vessie
Notre corps
le squelette d'un homme ou d'une femme
les organes d'une femme

les sourcils froncés
les yeux plissés
la respiration gênée
la main chaude
le corps qui tremble
le muscle raide

La colère

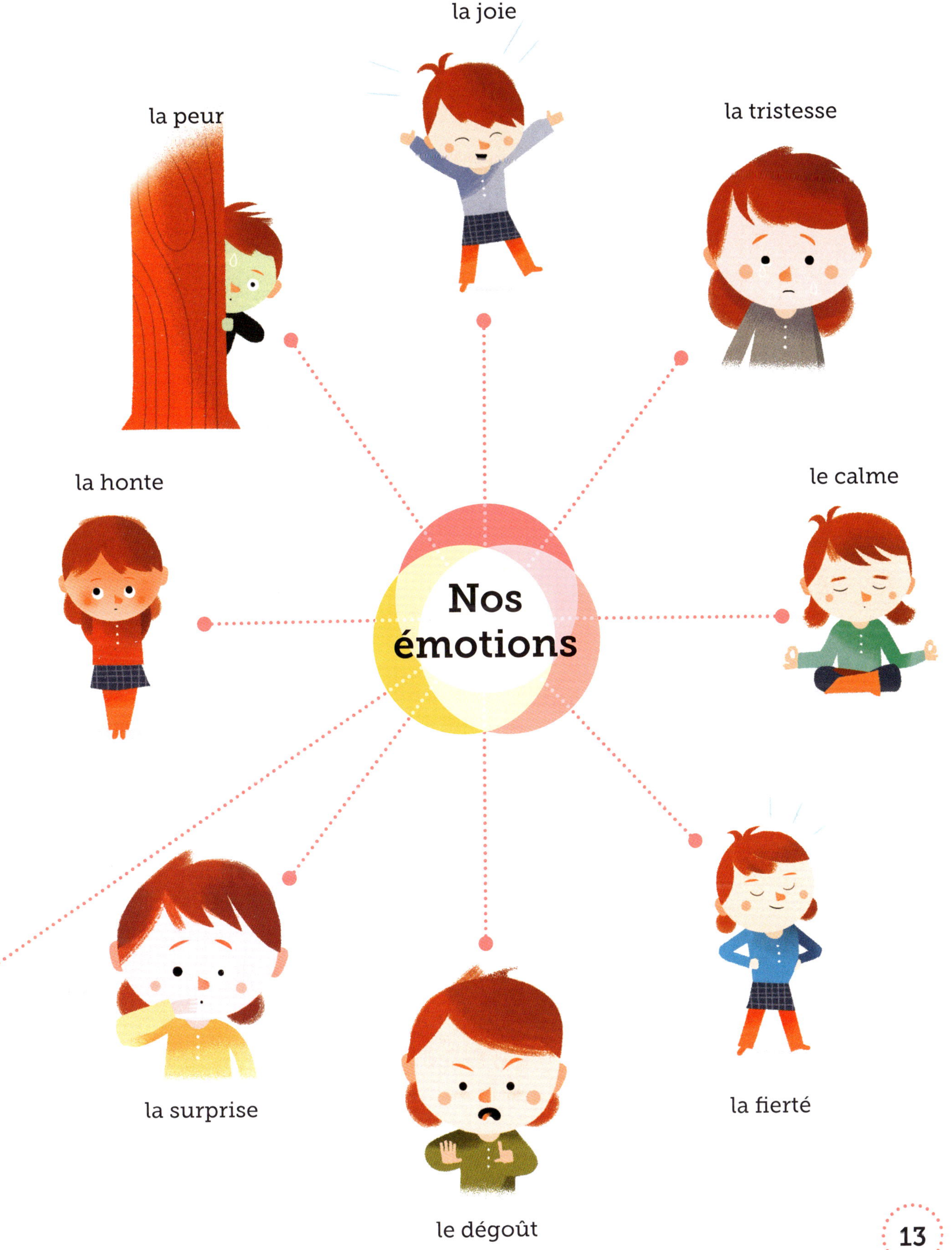
la peur
la joie
la tristesse
la honte
le calme
Nos émotions
la surprise
le dégoût
la fierté
13

La tenue d'hiver

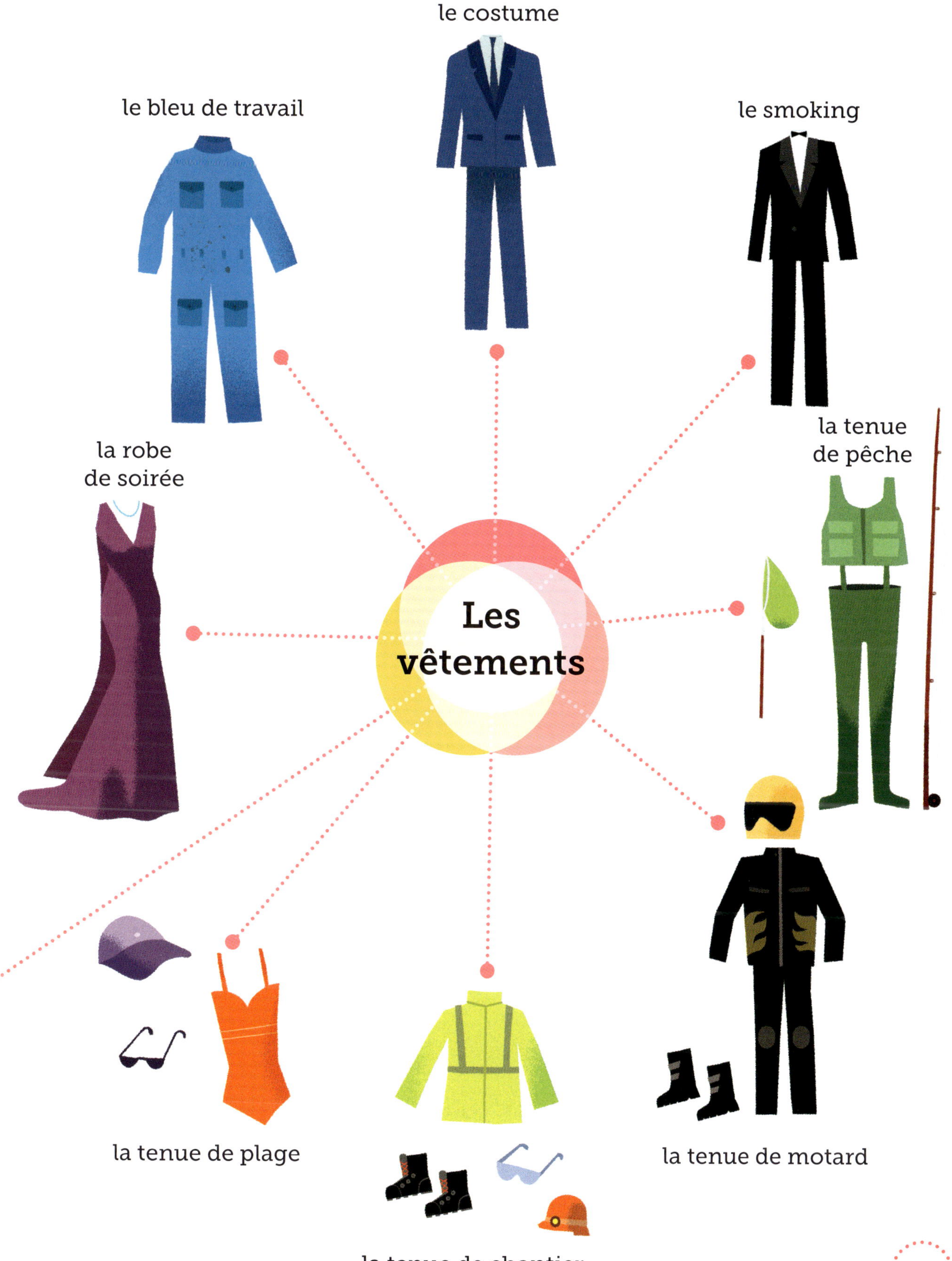

le costume
le bleu de travail
le smoking
la tenue
de pêche
la robe
de soirée
Les
vêtements
la tenue de plage
la tenue de motard
la tenue de chantier

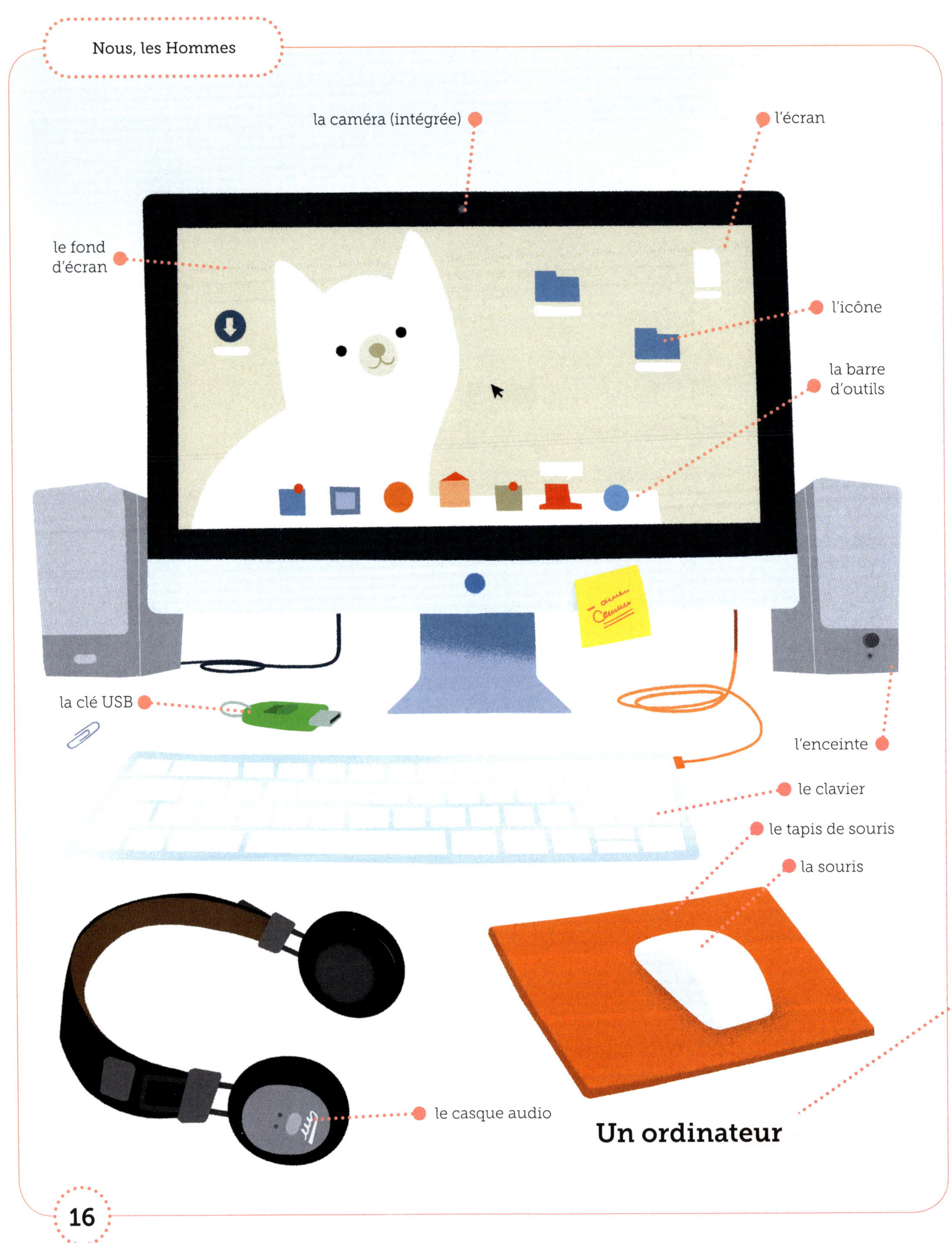

Un ordinateur

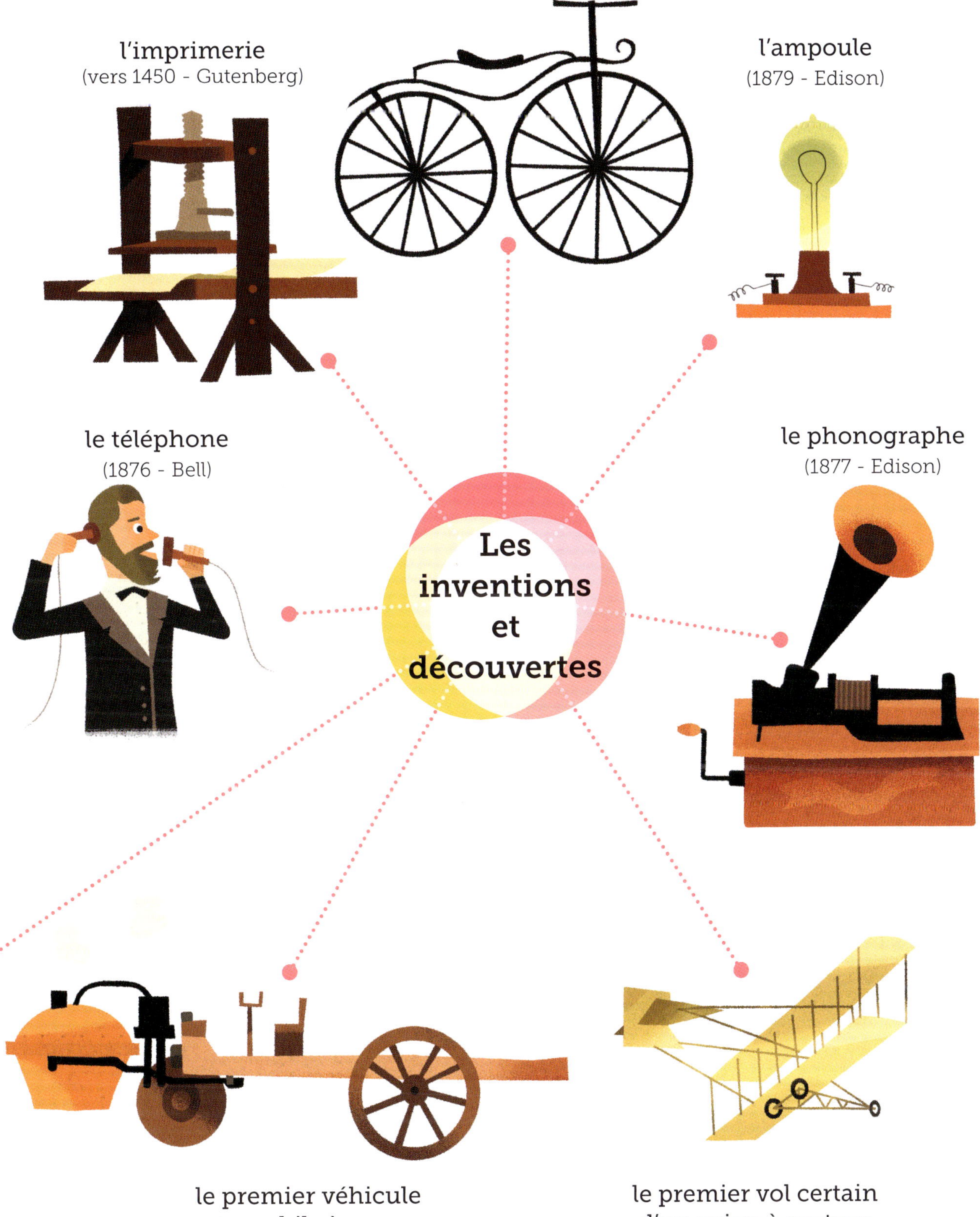

le vélocipède
(1867-1868 - Michaux)
l'imprimerie
(vers 1450 - Gutenberg)
l'ampoule
(1879 - Edison)
le téléphone
(1876 - Bell)
le phonographe
(1877 - Edison)
Les inventions et découvertes
le premier véhicule automobile à vapeur
(1769-1771 - Cugnot)
le premier vol certain d'un avion à moteur
(1903 - les frères Wright)

Abraham
Patriarche biblique
(XIXe siècle avant J.-C.)

Néfertiti
Reine d'Égypte
(XIVe siècle avant J.-C.)

Bouddha
Fondateur du bouddhisme
(VIe ou Ve siècle avant J.-C.)

Alexandre le Grand
Roi de Macédoine
(IVe siècle avant J.-C.)

Quelques grands personnages de l'Histoire

Louis XIV
Roi de France
(XVIIe siècle)

William Shakespeare
Écrivain
(XVIe siècle)

Wolfgang Amadeus Mozart
Compositeur
(XVIIIe siècle)

Napoléon Ier
Empereur français
(XIXe siècle)

Victor Hugo
Écrivain
(XIXe siècle)

Marie Curie
Scientifique
(XXe siècle)

Gandhi
Dirigeant indien pacifiste
(XXe siècle)

Jules César
Empereur romain
(Iᵉʳ siècle avant J.-C.)

Jésus
Fondateur du
christianisme
(Iᵉʳ siècle)

Mahomet
Fondateur
de la religion
musulmane
(VIIᵉ siècle)

Charlemagne
Empereur
d'Occident
(IXᵉ siècle)

Léonard de Vinci
Peintre, inventeur
(XVIᵉ siècle)

Christophe Colomb
Explorateur
(XVᵉ siècle)

Jeanne d'Arc
Héroïne française
(XVᵉ siècle)

Gengis Khan
Empereur
mongol
(XIIIᵉ siècle)

Pablo Picasso
Artiste
(XXᵉ siècle)

Charles de Gaulle
Général et homme
politique français
(XXᵉ siècle)

Rosa Parks
Militante américaine
(XXᵉ siècle)

Valentina Terechkova
Cosmonaute
(XXᵉ siècle)

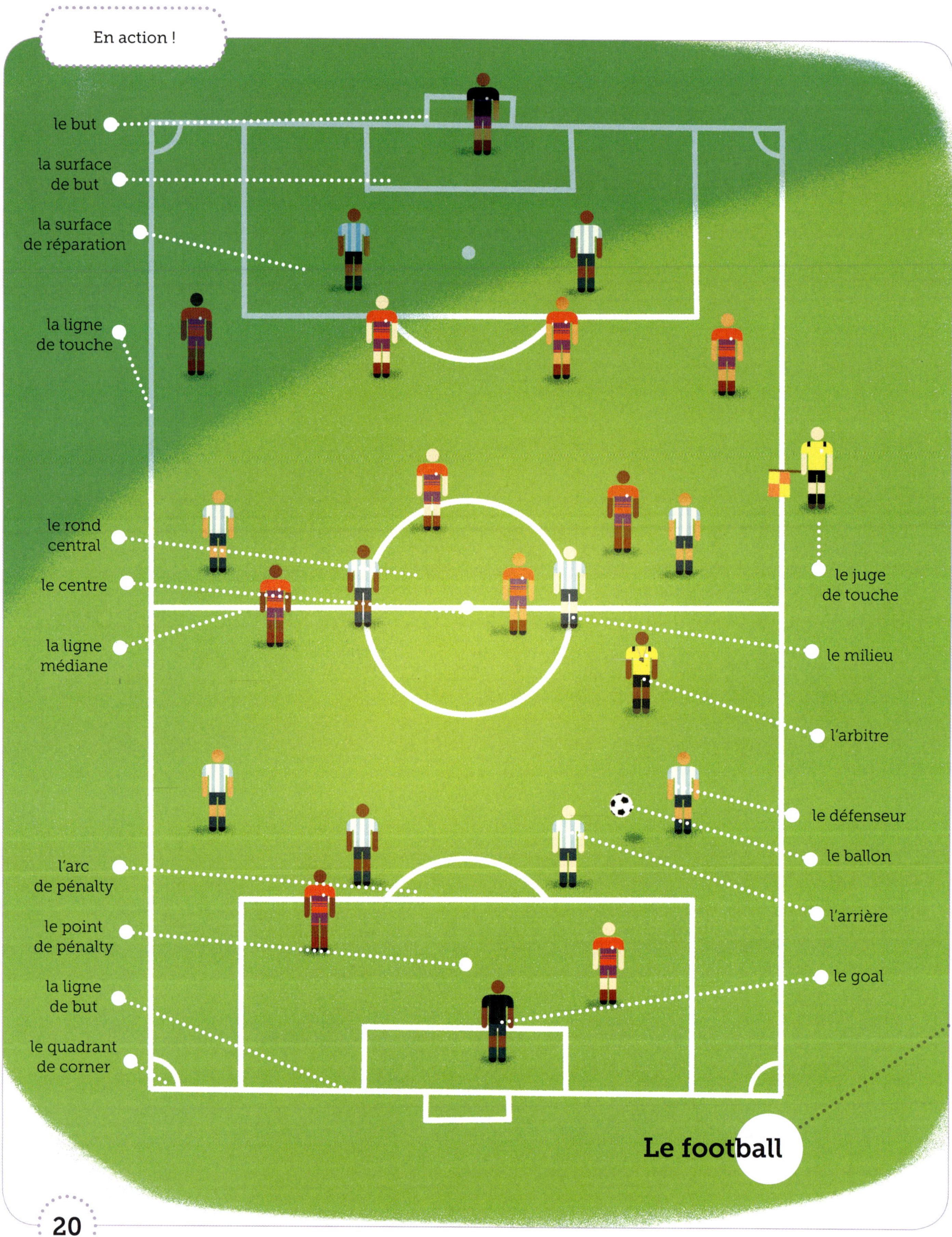

le but
la surface de but
la surface de réparation
la ligne de touche
le rond central
le centre
la ligne médiane
l'arc de pénalty
le point de pénalty
la ligne de but
le quadrant de corner
le juge de touche
le milieu
l'arbitre
le défenseur
le ballon
l'arrière
le goal
Le football

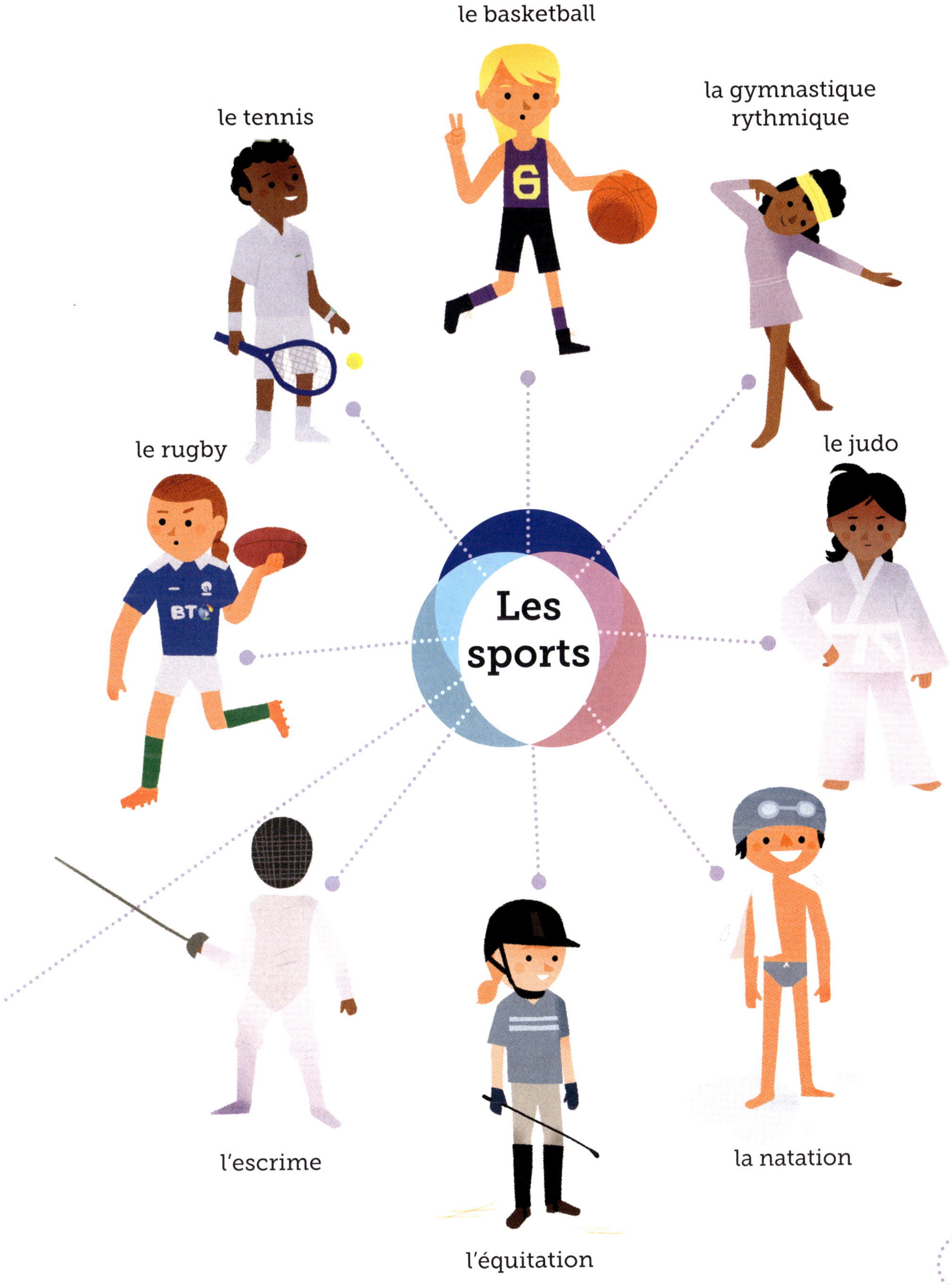

le basketball

le tennis

la gymnastique
rythmique

le rugby

le judo

Les
sports

l'escrime

la natation

l'équitation

la cymbale Charleston
les balais
la grosse caisse
les toms
la cymbale
le tom basse
la caisse claire
les pédales
les mailloches
les baguettes

La batterie

le tuba
le violoncelle
le piano
la harpe
le djembé
La musique !
la guitare électrique
l'accordéon
la cornemuse

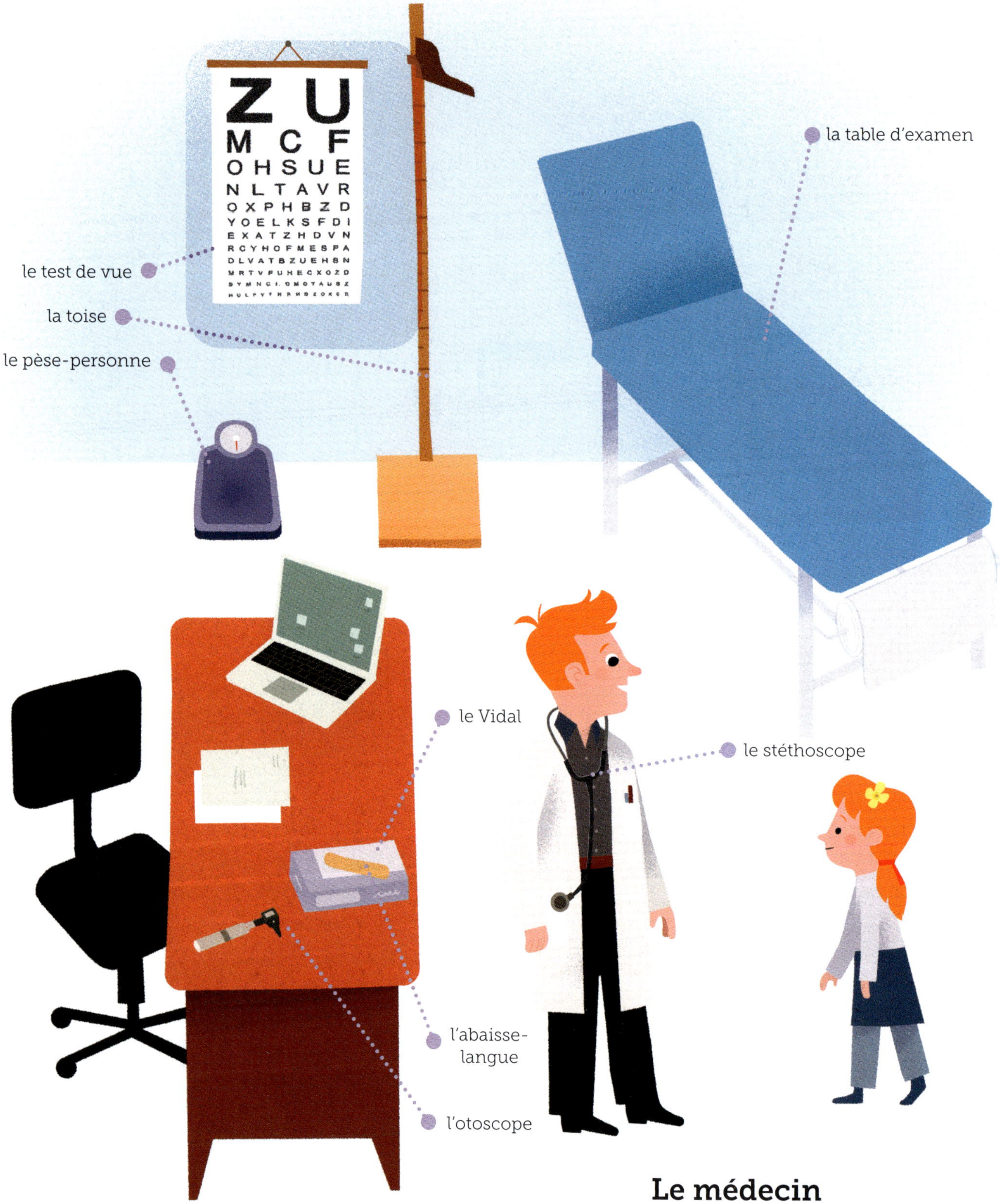
Z U
M C F
O H S U E
N L T A V R
la table d'examen
le test de vue
la toise
le pèse-personne
le Vidal
le stéthoscope
l'abaisse-langue
l'otoscope

Le médecin

le cuisinier
l'ingénieur en aéronautique
la danseuse
l'ouvrier du bâtiment
le pompier
Des métiers
la chef d'entreprise
la professeur des écoles
l'agriculteur

le marteau
le tournevis cruciforme
la clé polygonale
la clé à fourche
la clé à pipe
les lunettes de protection
le serre-joint
le tournevis plat
la clé à molette
les clous
les vis
les chevilles
la pince multiprise
le rabot
la scie égoïne
le mètre ruban

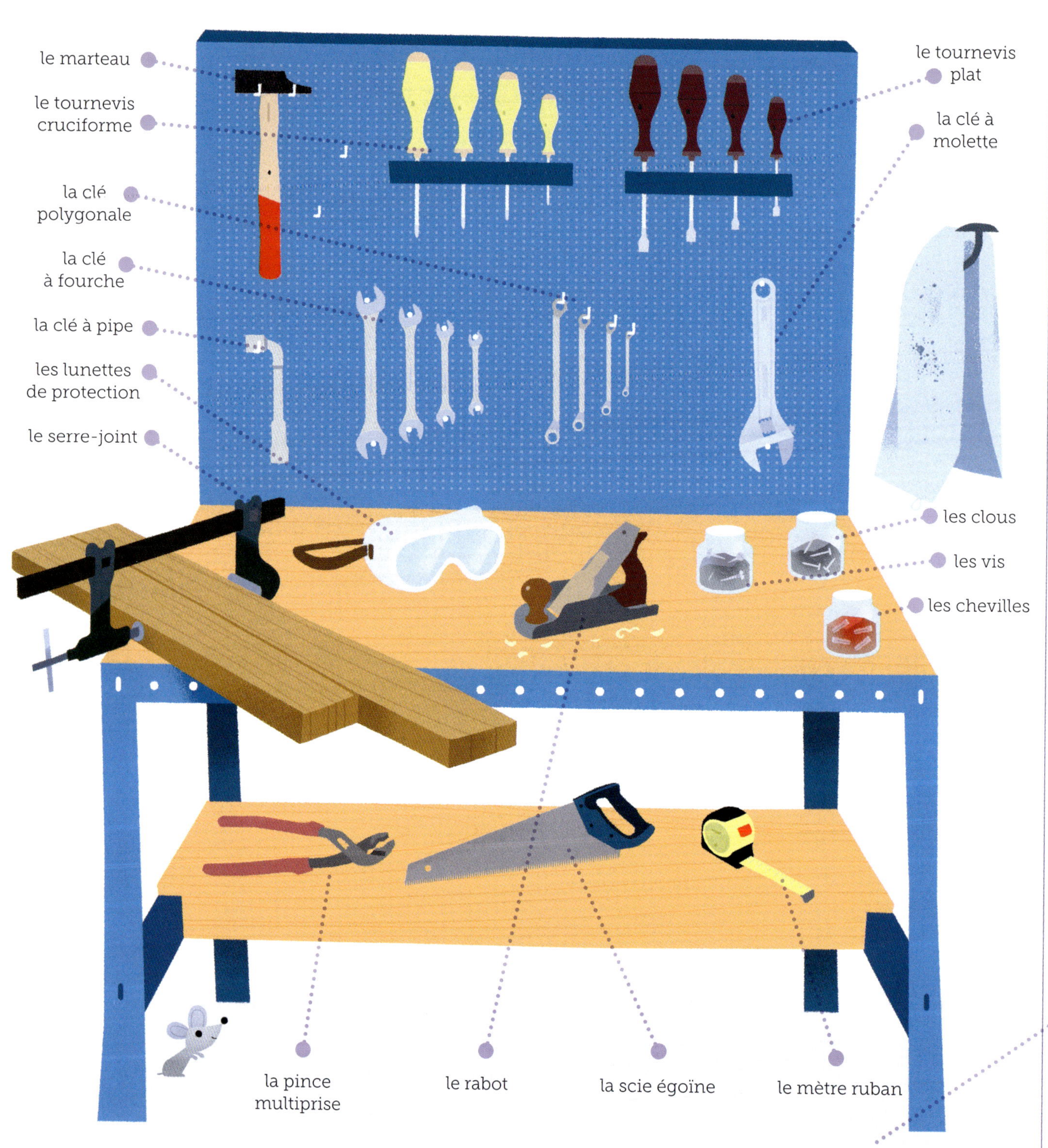

Les outils

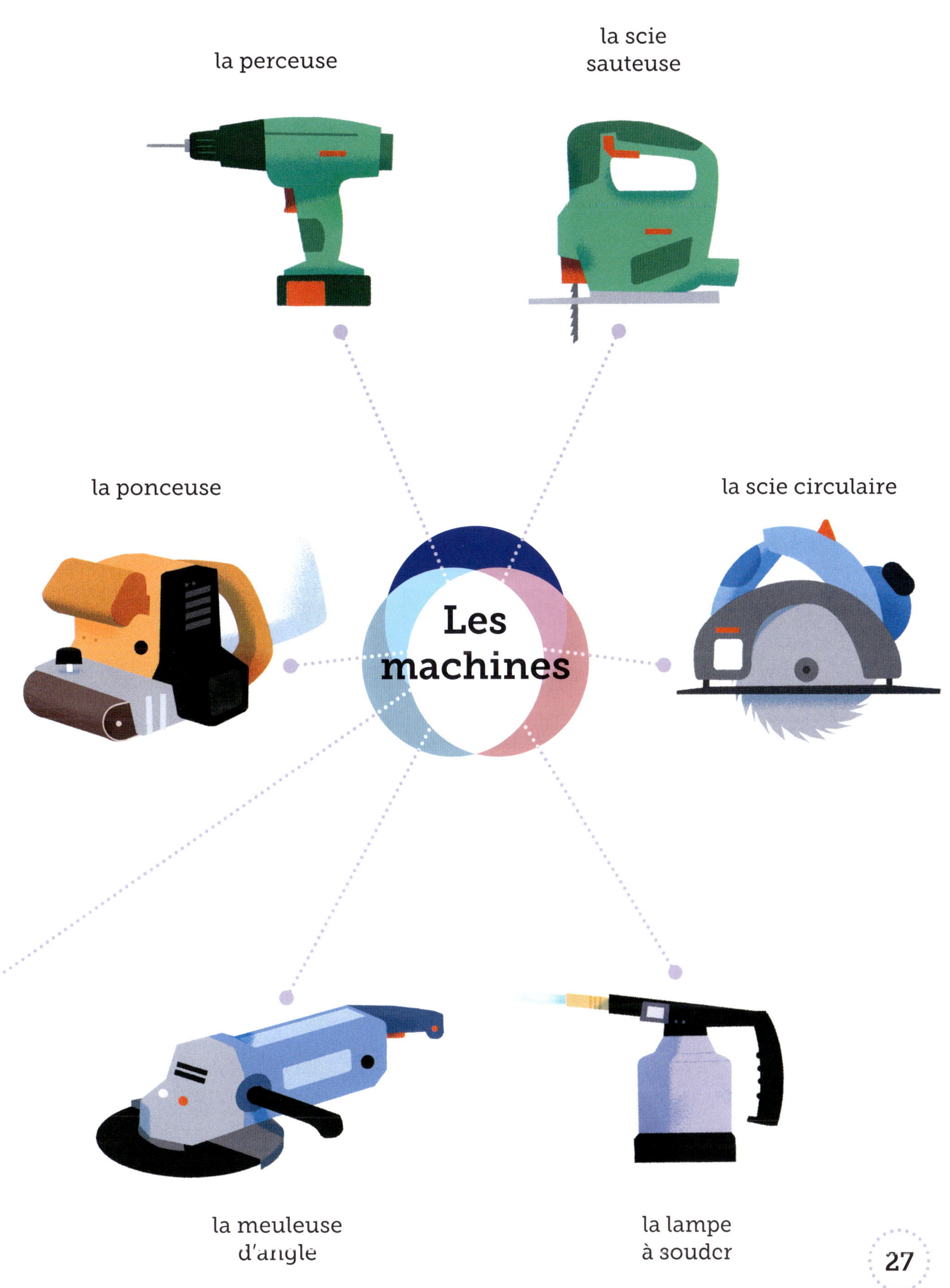

la perceuse
la scie
sauteuse
la ponceuse
la scie circulaire
Les
machines
la meuleuse
d'angle
la lampe
à souder

Un jardin au printemps

le plantoir
la serpette
le transplantoir
la serfouette
la bêche
Le jardinage
le sécateur
la binette
le râteau

29

Une table dressée

le cuit-vapeur
la marmite
l'écumoire
la poêle
les emporte-pièces
La cuisine
le fouet
la râpe à fromage
le mixeur
31

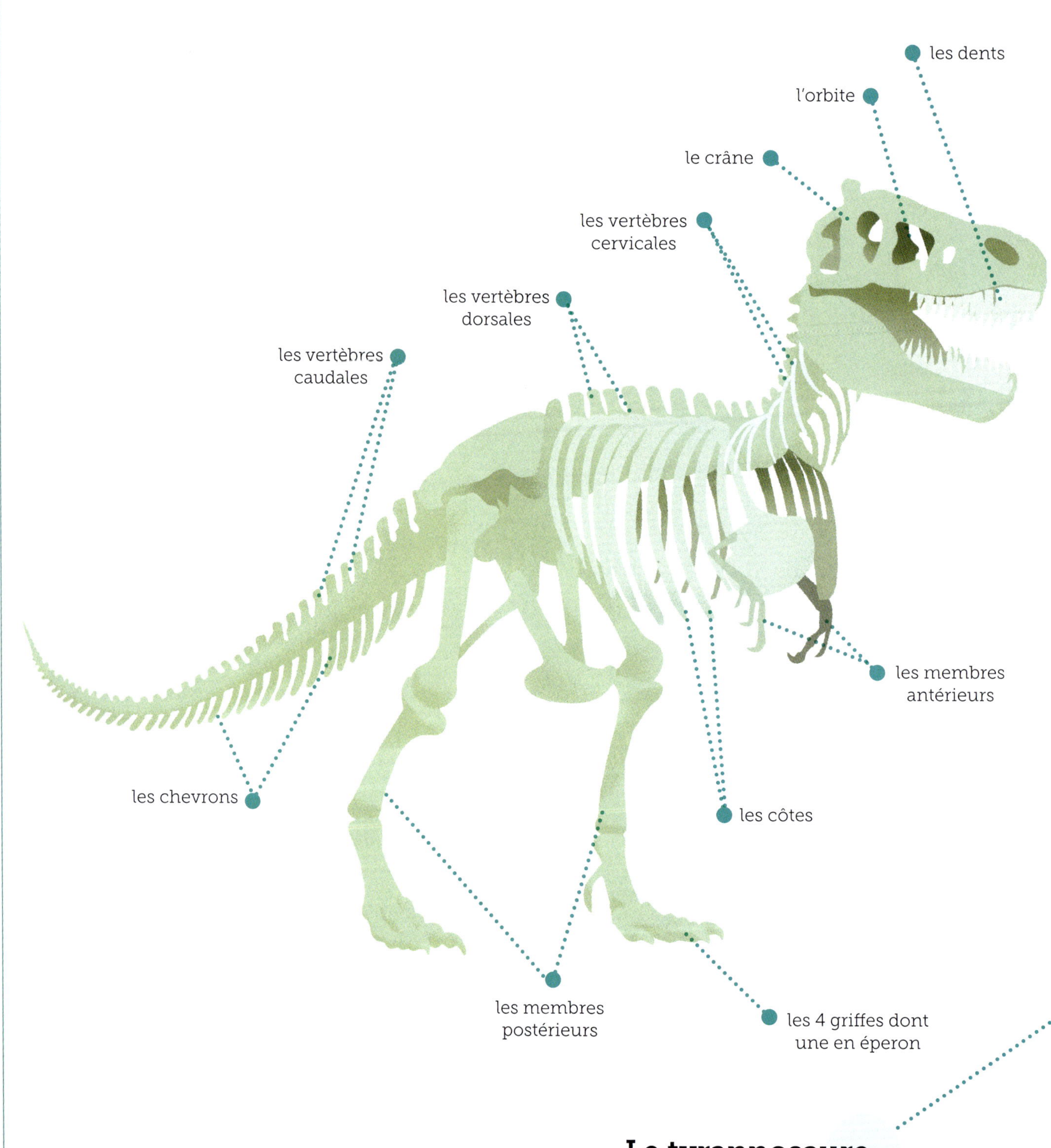

Le tyrannosaure

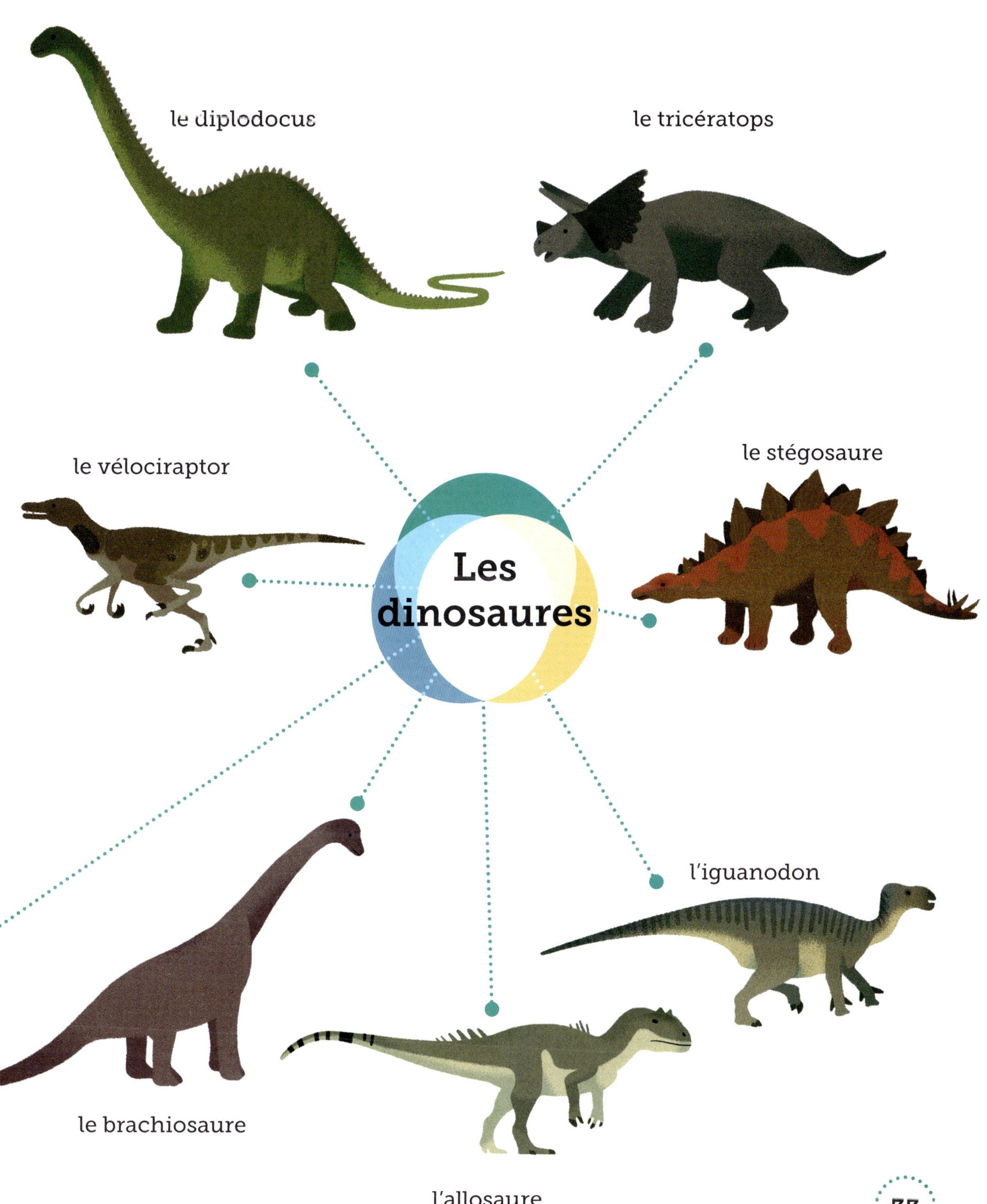

le diplodocus
le tricératops
le vélociraptor
le stégosaure
Les dinosaures
l'iguanodon
le brachiosaure
l'allosaure

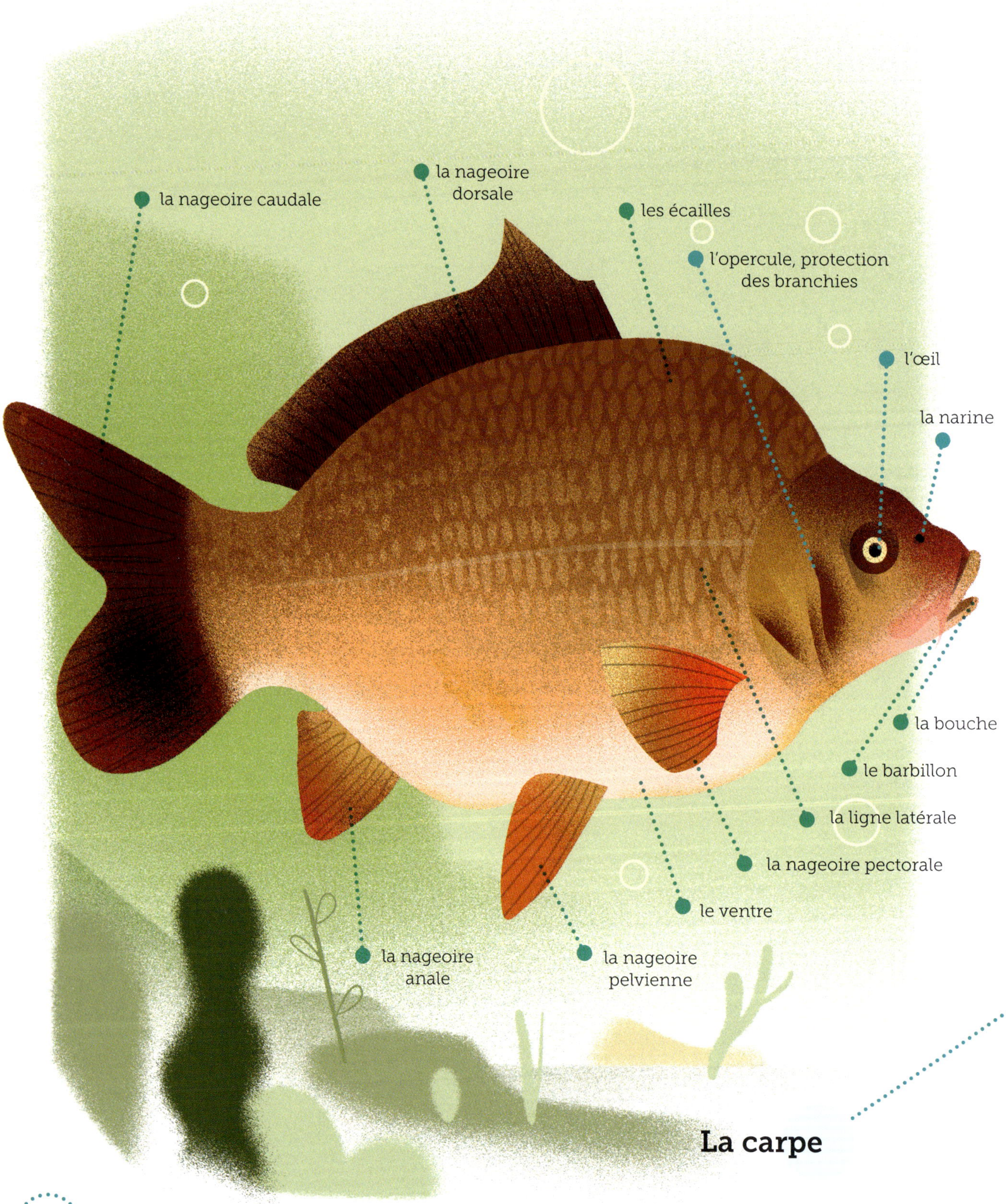
la nageoire caudale
la nageoire dorsale
les écailles
l'opercule, protection des branchies
l'œil
la narine
la bouche
le barbillon
la ligne latérale
la nageoire pectorale
le ventre
la nageoire pelvienne
la nageoire anale

La carpe

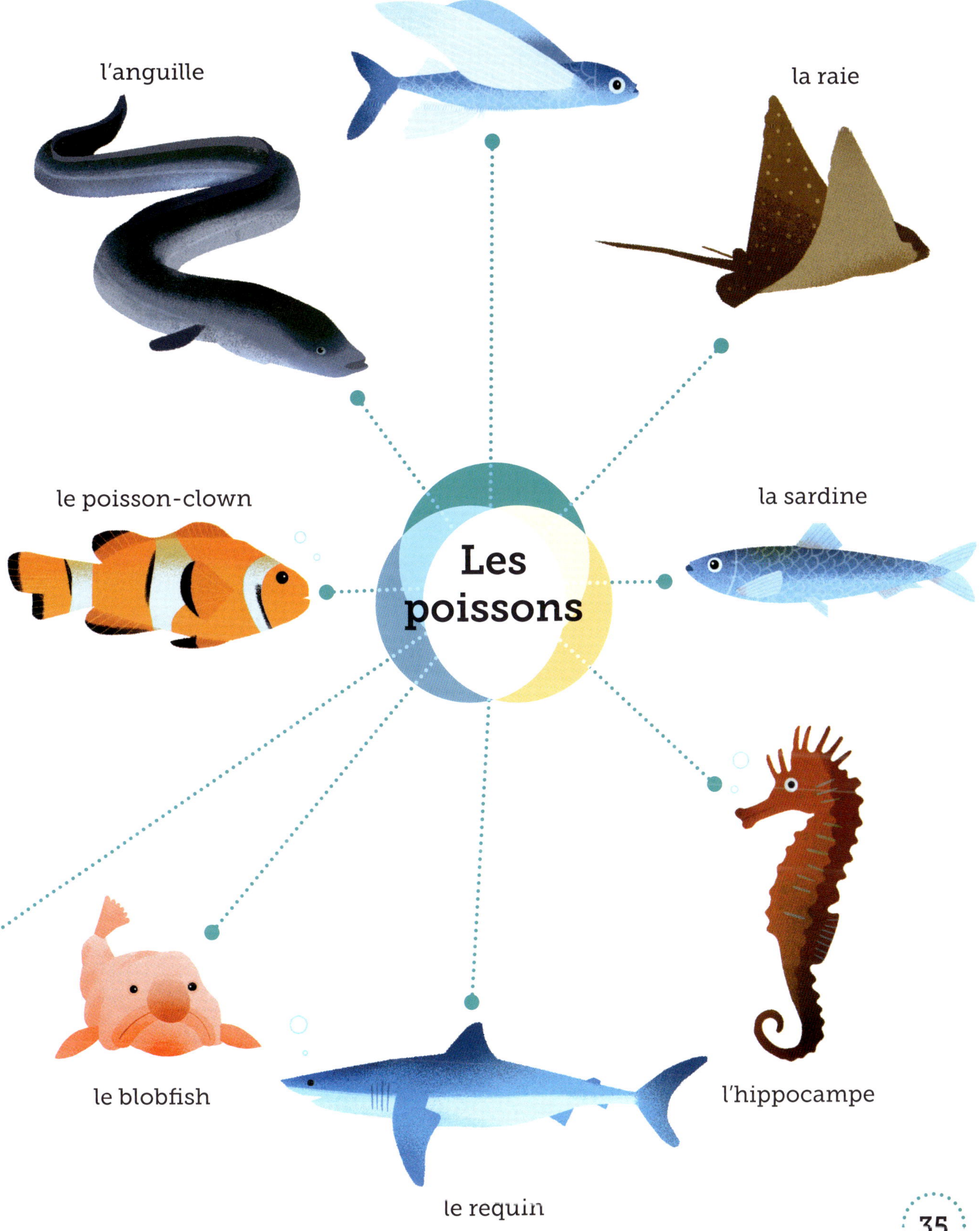
l'exocet
l'anguille
la raie
le poisson-clown
Les poissons
la sardine
le blobfish
l'hippocampe
le requin

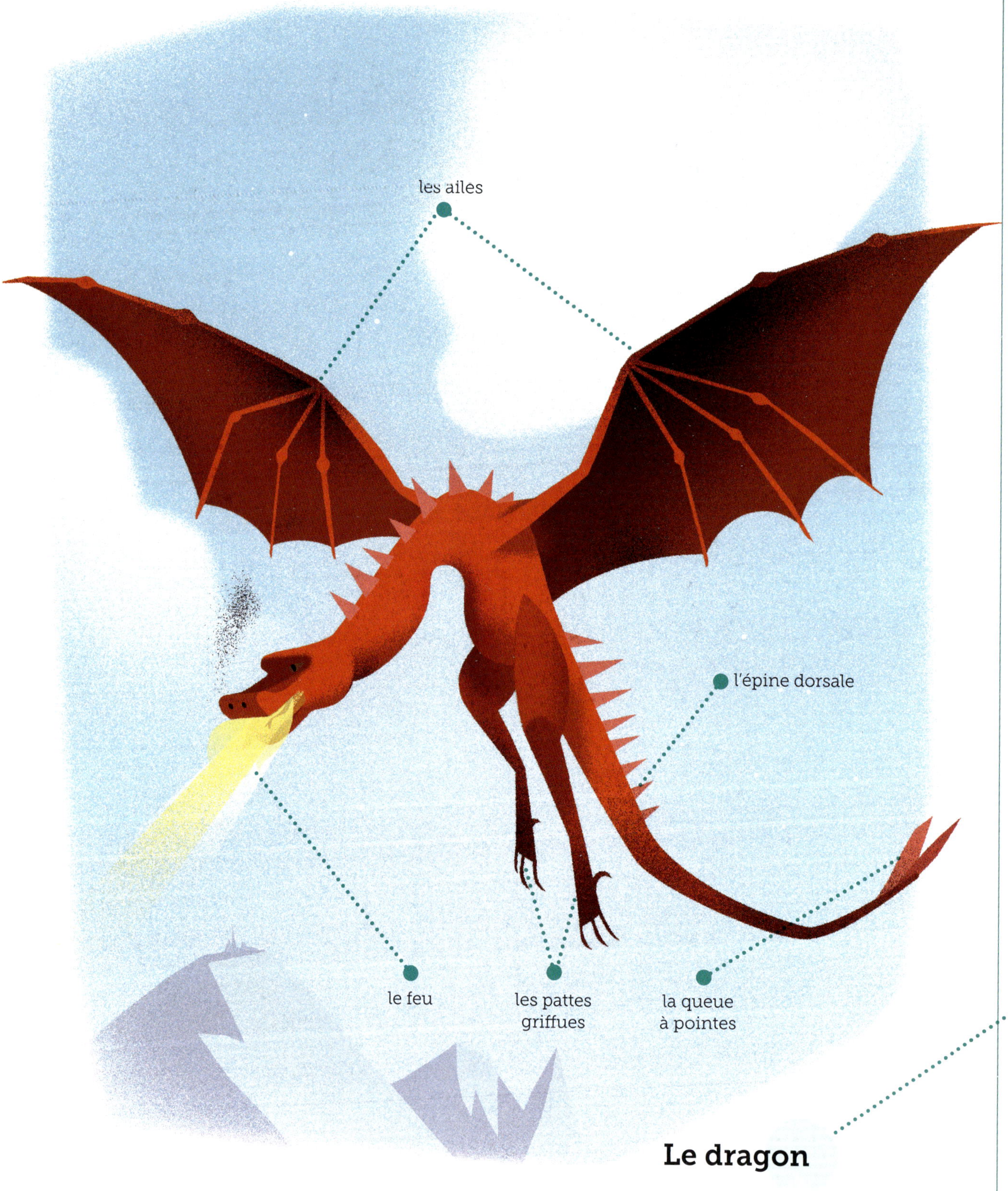

les ailes
l'épine dorsale
le feu
les pattes
griffues
la queue
à pointes

Le dragon

le phénix
le faune
la sirène
la licorne
Les animaux imaginaires
le centaure
le monstre du Loch Ness
le yéti
le sphinx

La mouche et l'araignée

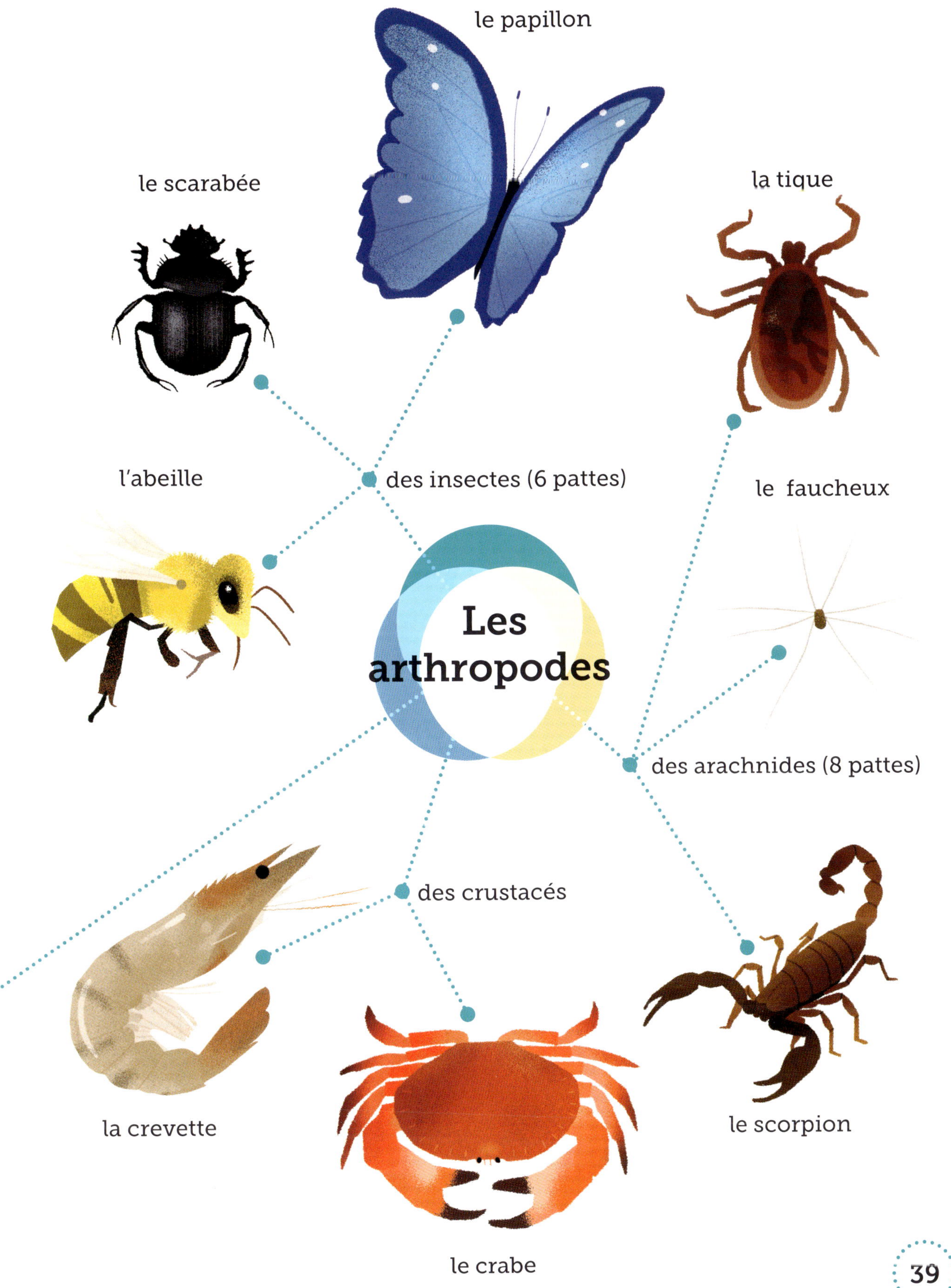

le papillon
le scarabée
la tique
l'abeille
des insectes (6 pattes)
le faucheux
Les arthropodes
des arachnides (8 pattes)
des crustacés
la crevette
le crabe
le scorpion

La vipère, un reptile

La grenouille, un amphibien

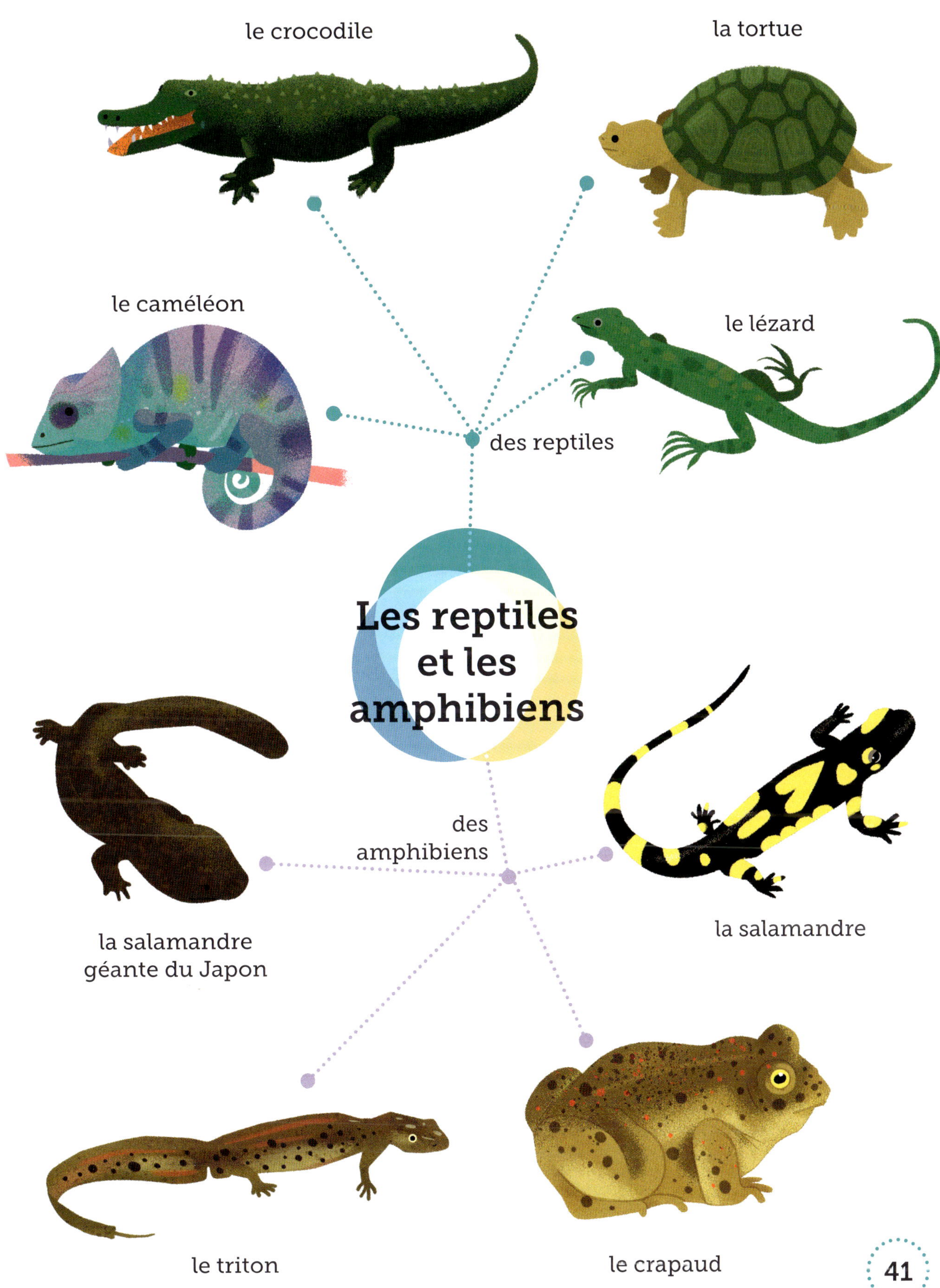

le crocodile
la tortue
le caméléon
le lézard
des reptiles
Les reptiles et les amphibiens
des amphibiens
la salamandre géante du Japon
la salamandre
le triton
le crapaud
41

Une ânesse et son ânon

le jaguar
l'éléphant
la chauve-souris
le kangourou
Les mammifères
la taupe
la marmotte
le ouistiti
l'orque

les plumes des ailes (rémiges)
la calotte
l'œil
le bec
la joue
la gorge
le ventre
les plumes de la queue (rectrices)
la patte
le doigt

Le roitelet

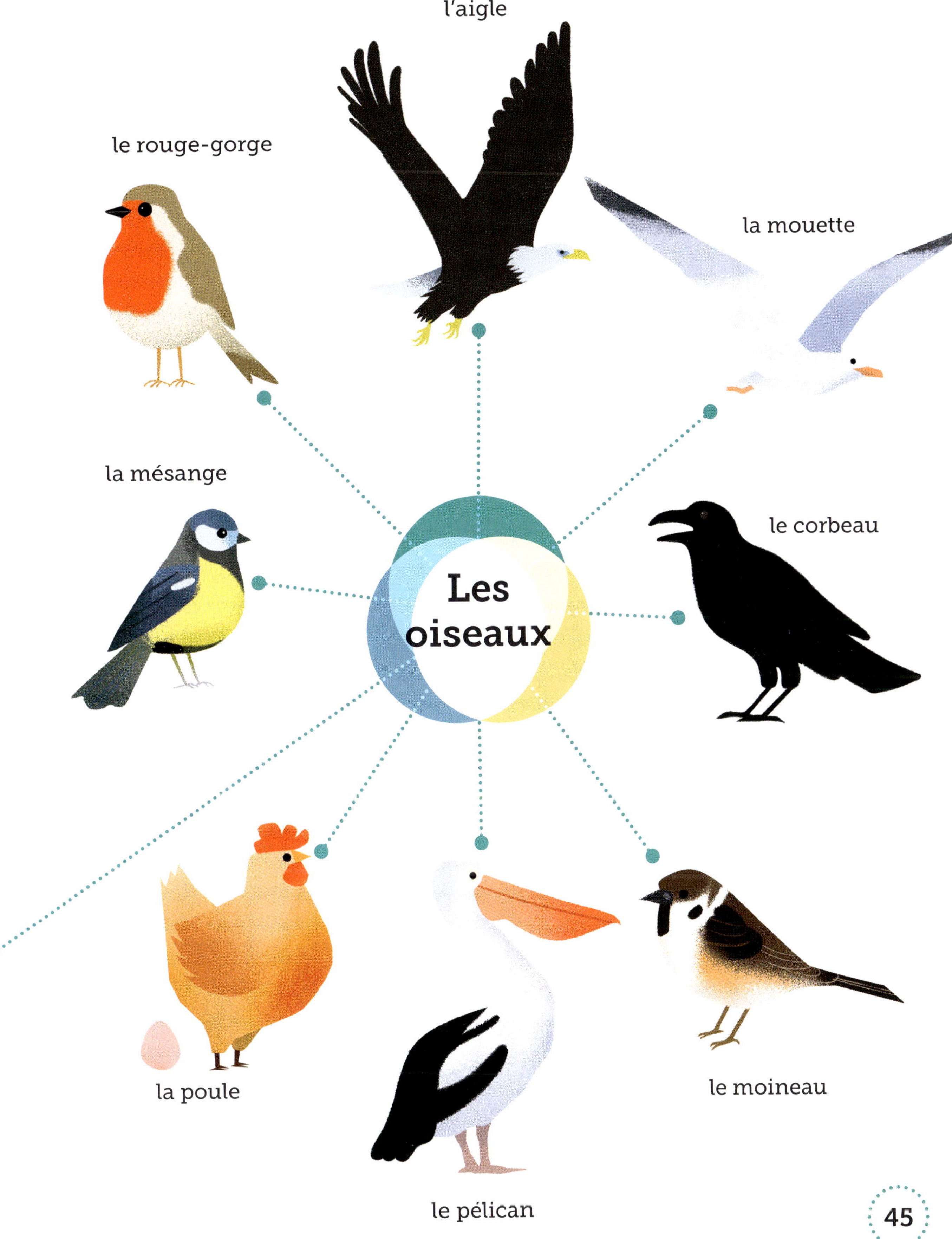
le rouge-gorge
l'aigle
la mouette
la mésange
Les oiseaux
le corbeau
la poule
le pélican
le moineau

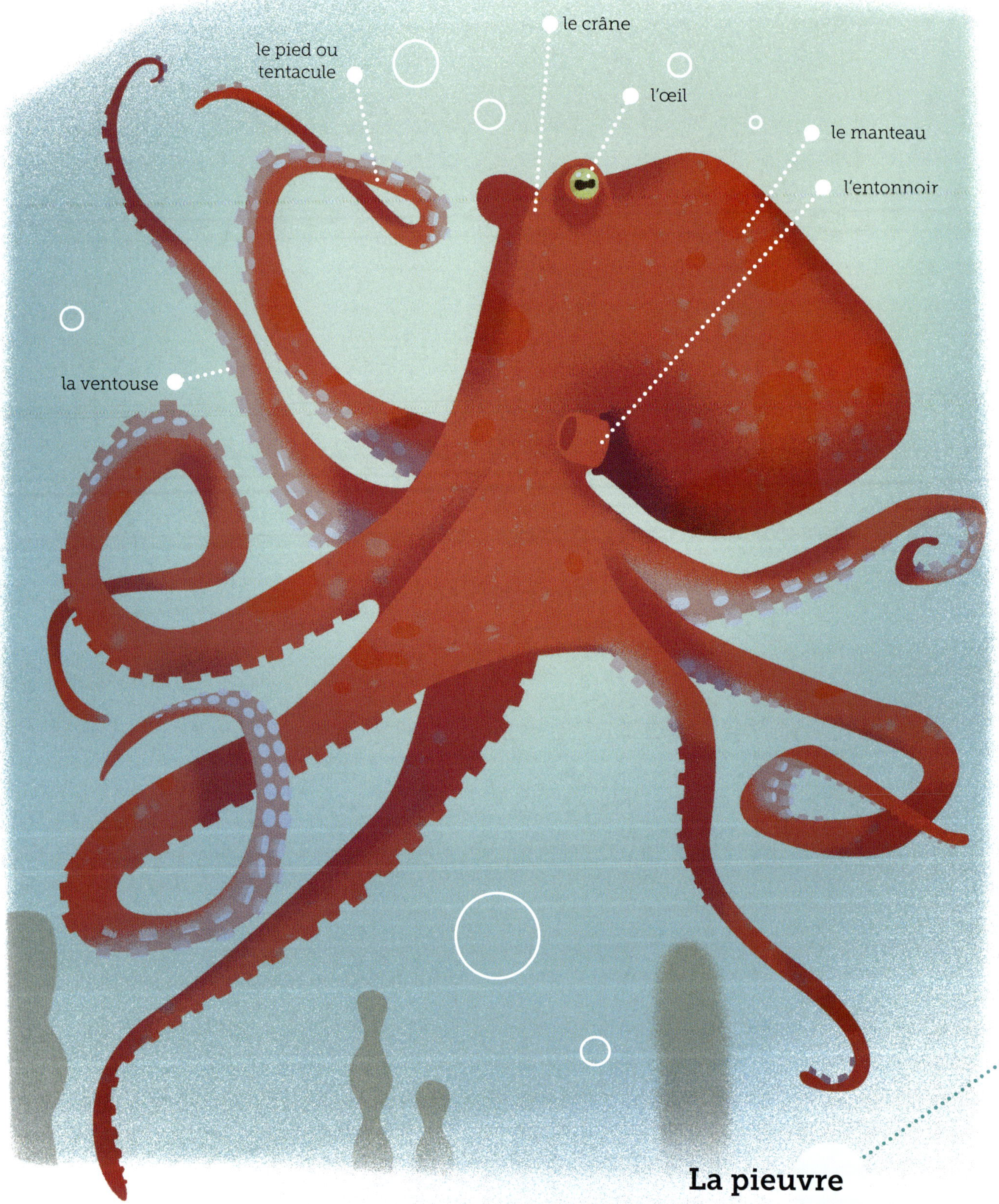

le pied ou tentacule
le crâne
l'œil
le manteau
l'entonnoir
la ventouse

La pieuvre

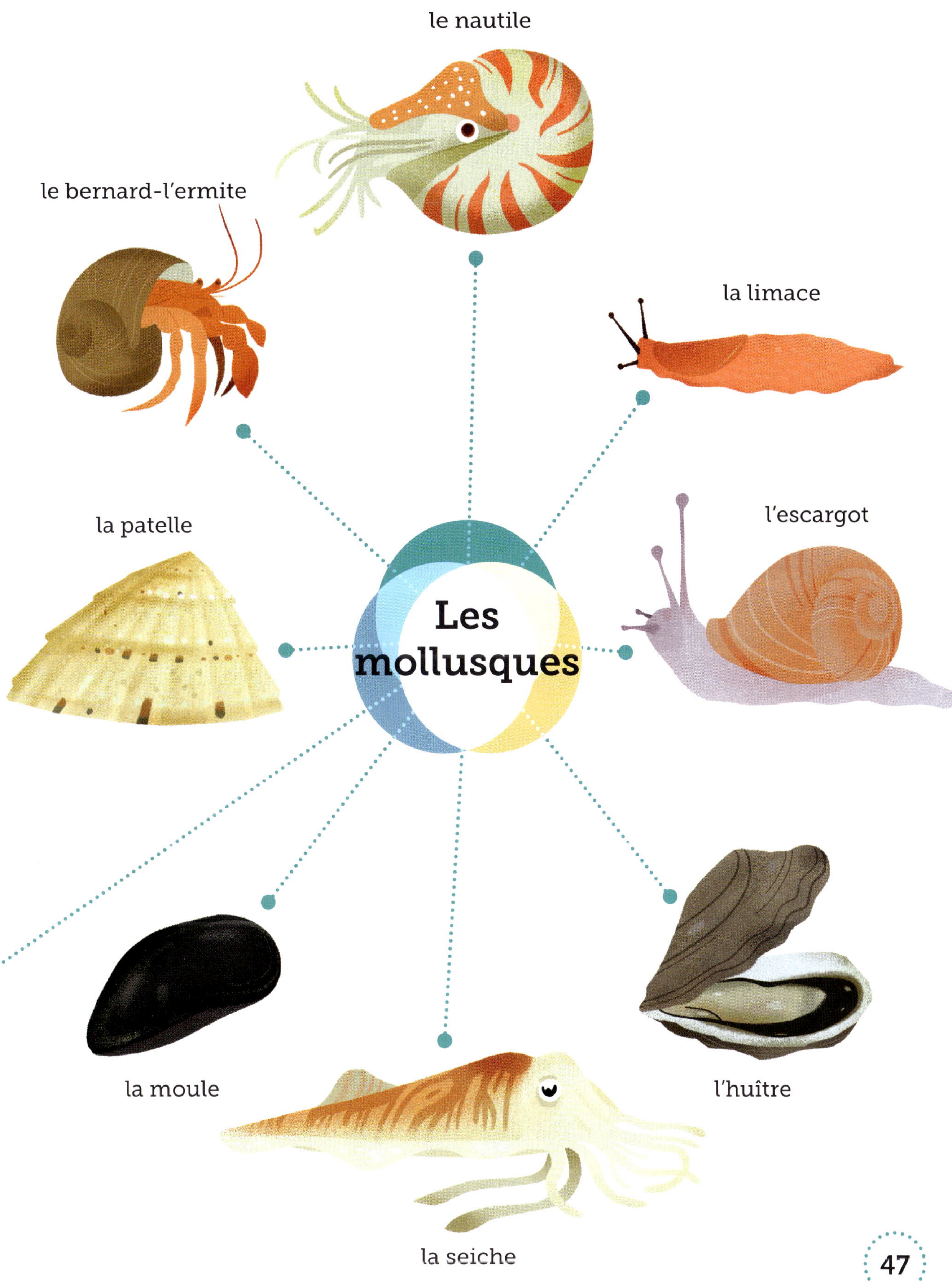

le nautile
le bernard-l'ermite
la limace
la patelle
l'escargot
Les mollusques
la moule
la seiche
l'huître

le Soleil, notre étoile
Mercure
Vénus
Terre
Mars
Jupiter
Saturne
Uranus
Neptune
le système solaire

la Voie lactée, notre galaxie

la Grande Ourse,
une constellation

le trou noir

la météorite

Dans le ciel

la Lune

la comète

l'astéroïde

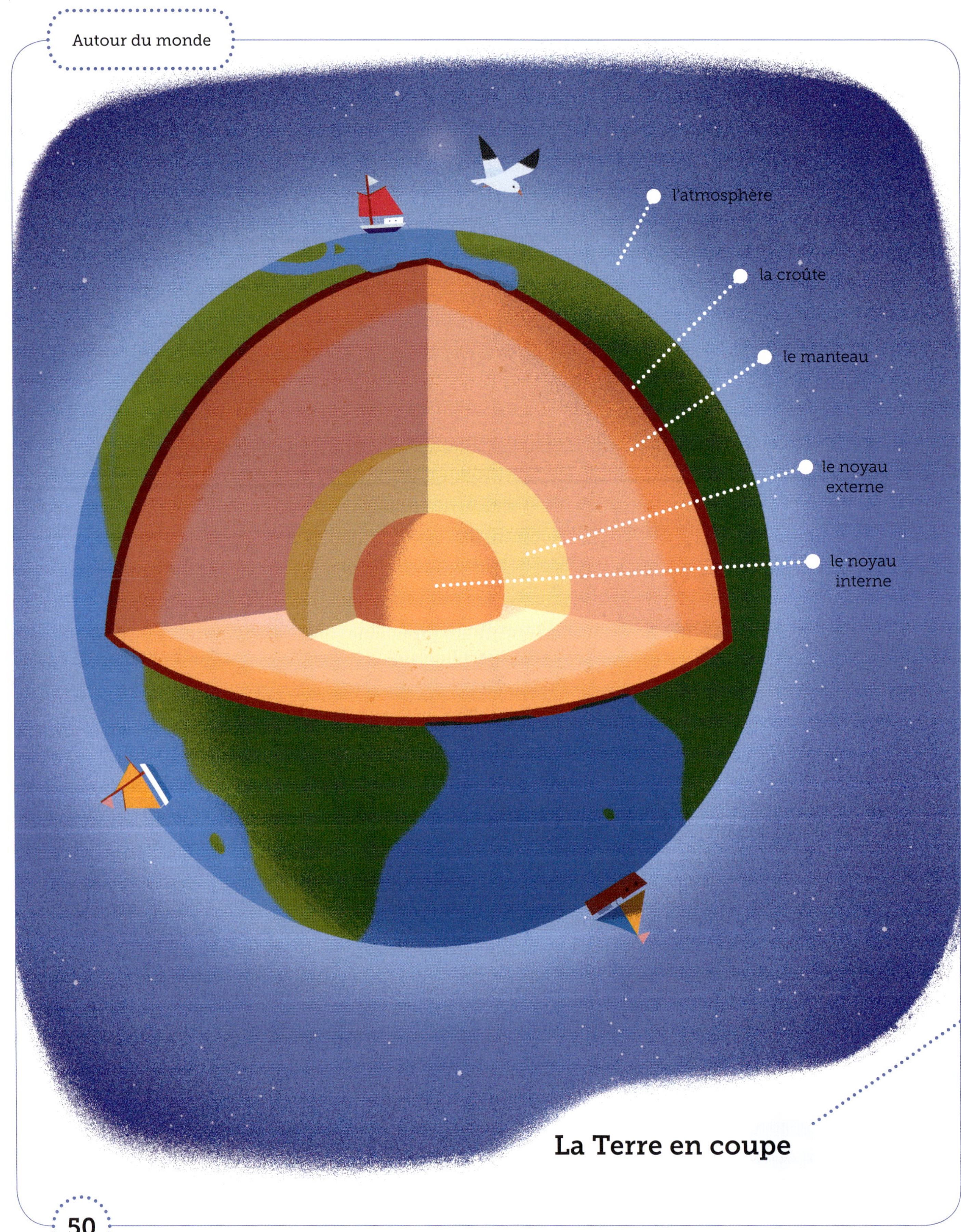

La Terre en coupe

la rivière
l'océan
le lac
le désert froid
la montagne
La Terre
le désert chaud
la plaine
le plateau

Lille
le Rhin
Amiens
Reims
Metz
Rouen
Caen
Strasbourg
Paris
la Seine
Nancy
LES VOSGES
LE MASSIF ARMORICAIN
Rennes
la Loire
Dijon
Besançon
LE JURA
Nantes
Poitiers
le Rhône
Lyon
Limoges
Clermont-Ferrand
LE MASSIF CENTRAL
LES ALPES
Bordeaux
la Garonne
Toulouse
Montpellier
Marseille
Nice
LES PYRÉNÉES
Corse
Guadeloupe
Martinique
Ajaccio
Guyane
Réunion
La carte de France

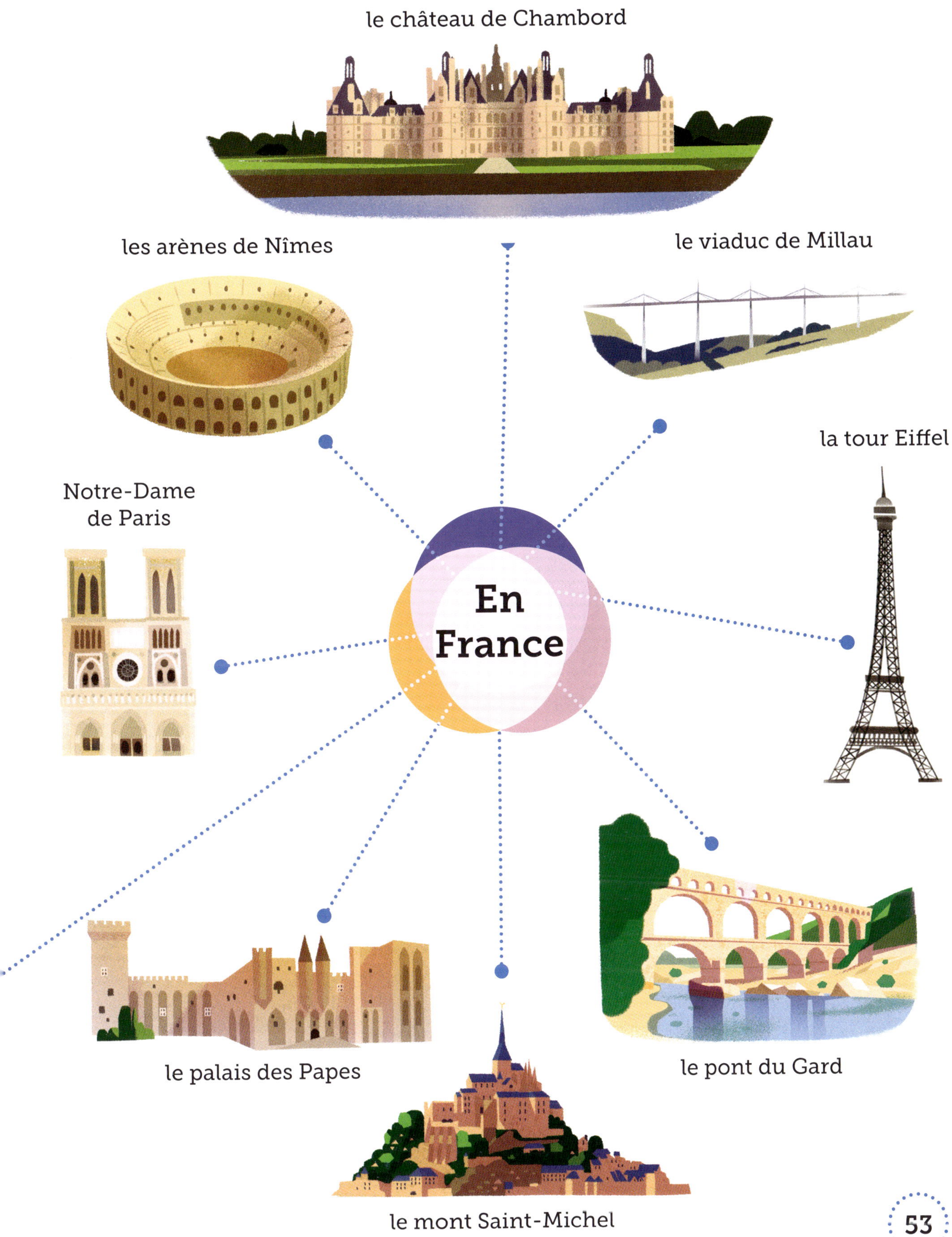

le château de Chambord

le viaduc de Millau

les arènes de Nîmes

la tour Eiffel

Notre-Dame
de Paris

**En
France**

le palais des Papes

le pont du Gard

le mont Saint-Michel

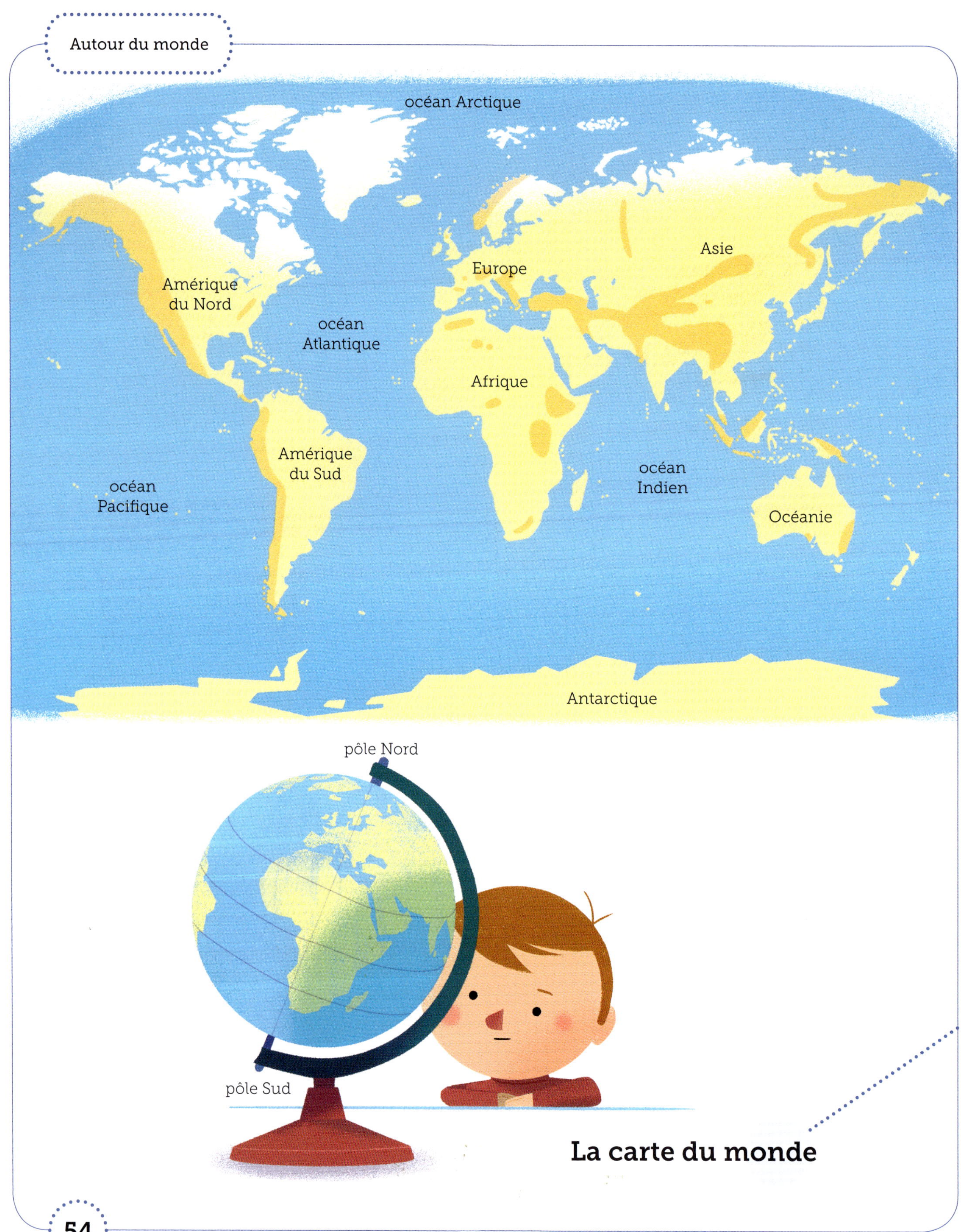

La carte du monde

Angkor
(Cambodge)

la place Rouge
(Russie)

la Grande Muraille
(Chine)

Le monde

l'Acropole
(Grèce)

le château
de Versailles
(France)

la statue
de la Liberté
(États-Unis)

le Taj Mahal (Inde)

le Machu Picchu
(Pérou)

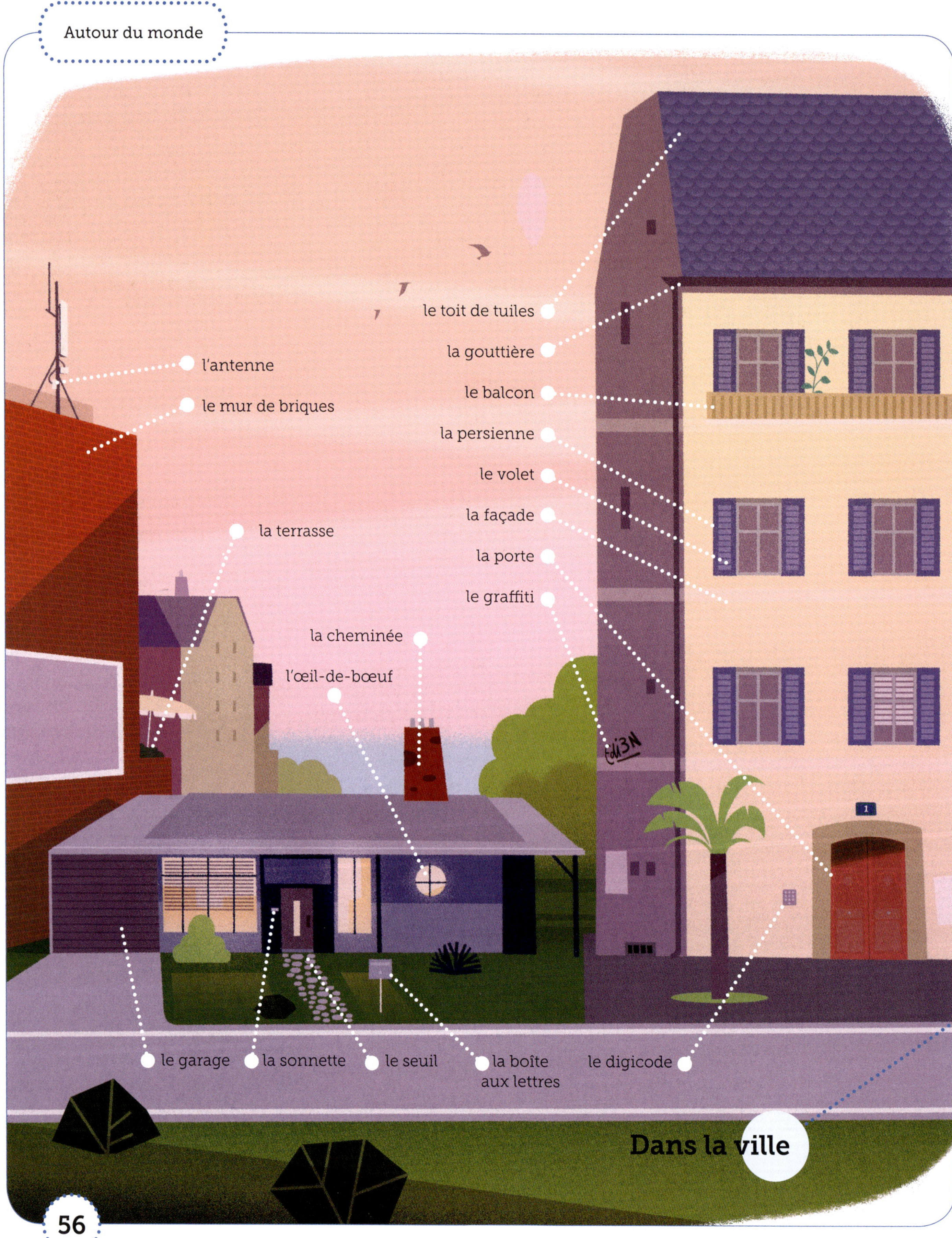
l'antenne
le mur de briques
la terrasse
la cheminée
l'œil-de-bœuf
le toit de tuiles
la gouttière
le balcon
la persienne
le volet
la façade
la porte
le graffiti
le garage
la sonnette
le seuil
la boîte aux lettres
le digicode
Dans la ville

la caravane
l'igloo
la case ou hutte des pygmées
la yourte
Les maisons
le gratte-ciel
la maison japonaise
l'isba
la maison sur pilotis

la neige
les nuages
la pluie
le soleil
l'infiltration
l'évaporation
la nappe d'eau souterraine
Le cycle de l'eau

le cirrocumulus
le cirrostratus
le cirrus
le cumulonimbus
le nimbostratus
l'altocumulus
l'altostratus
le stratocumulus
le cumulus
le stratus

Les nuages

le cumulonimbus
air froid
qui descend
air chaud
qui monte
Les particules qui se
frottent produisent
de l'électricité.
l'éclair
la foudre
L'orage

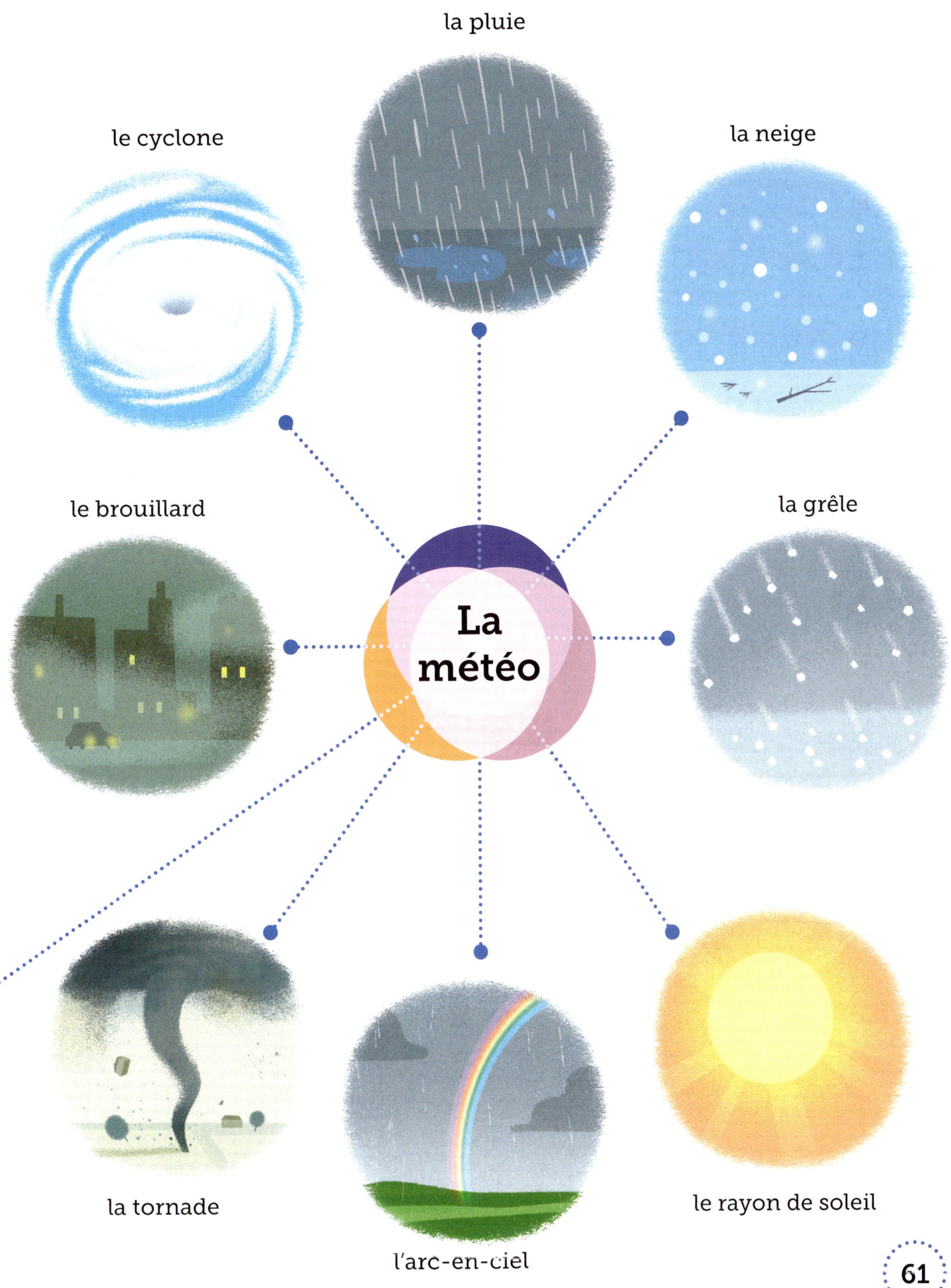

le cyclone
la pluie
la neige
le brouillard
La météo
la grêle
la tornade
l'arc-en-ciel
le rayon de soleil

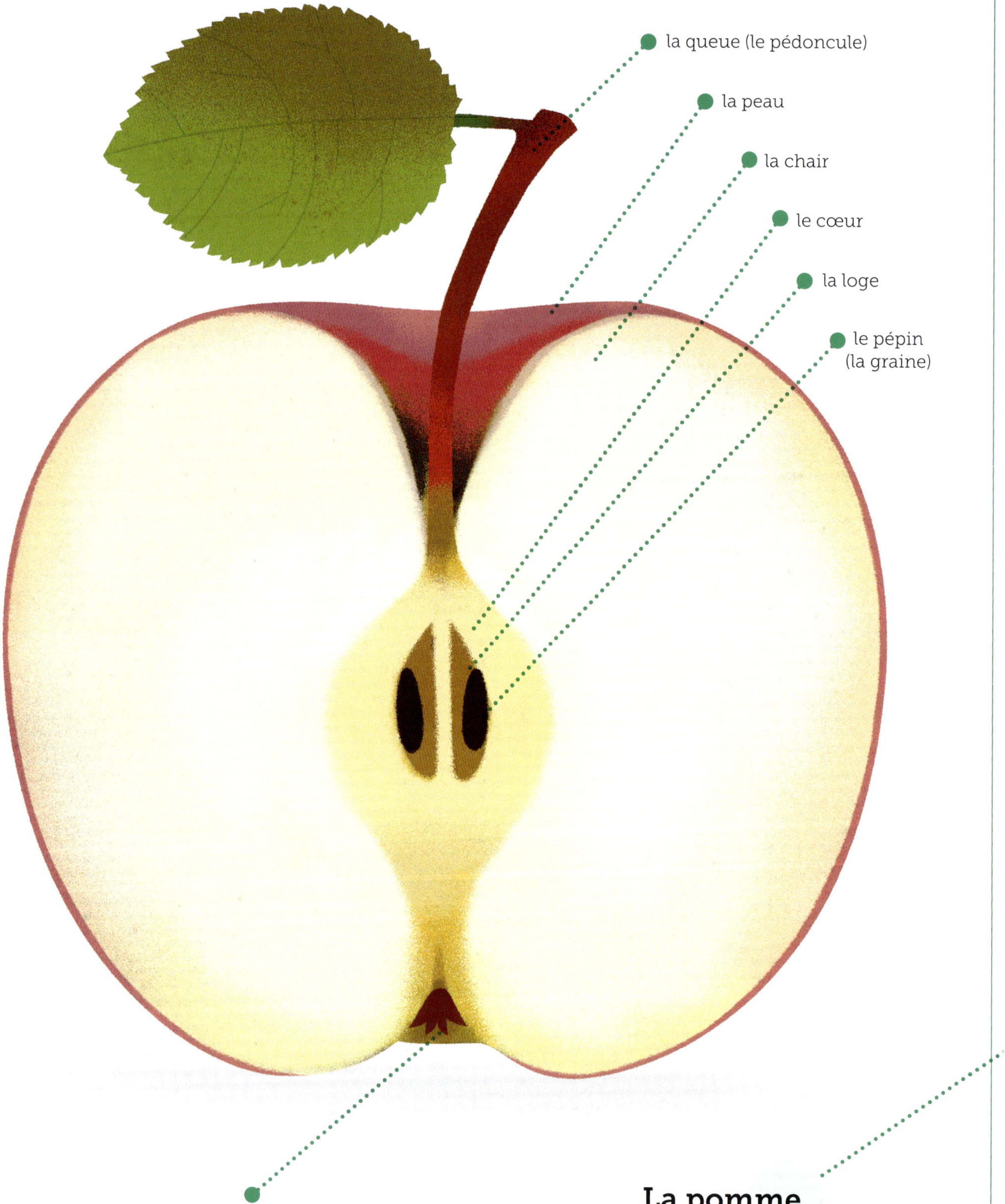

La pomme

l'orange
la cerise
le raisin
la châtaigne
Les fruits
la fraise
la datte
le fruit du dragon
la framboise

Les petits pois

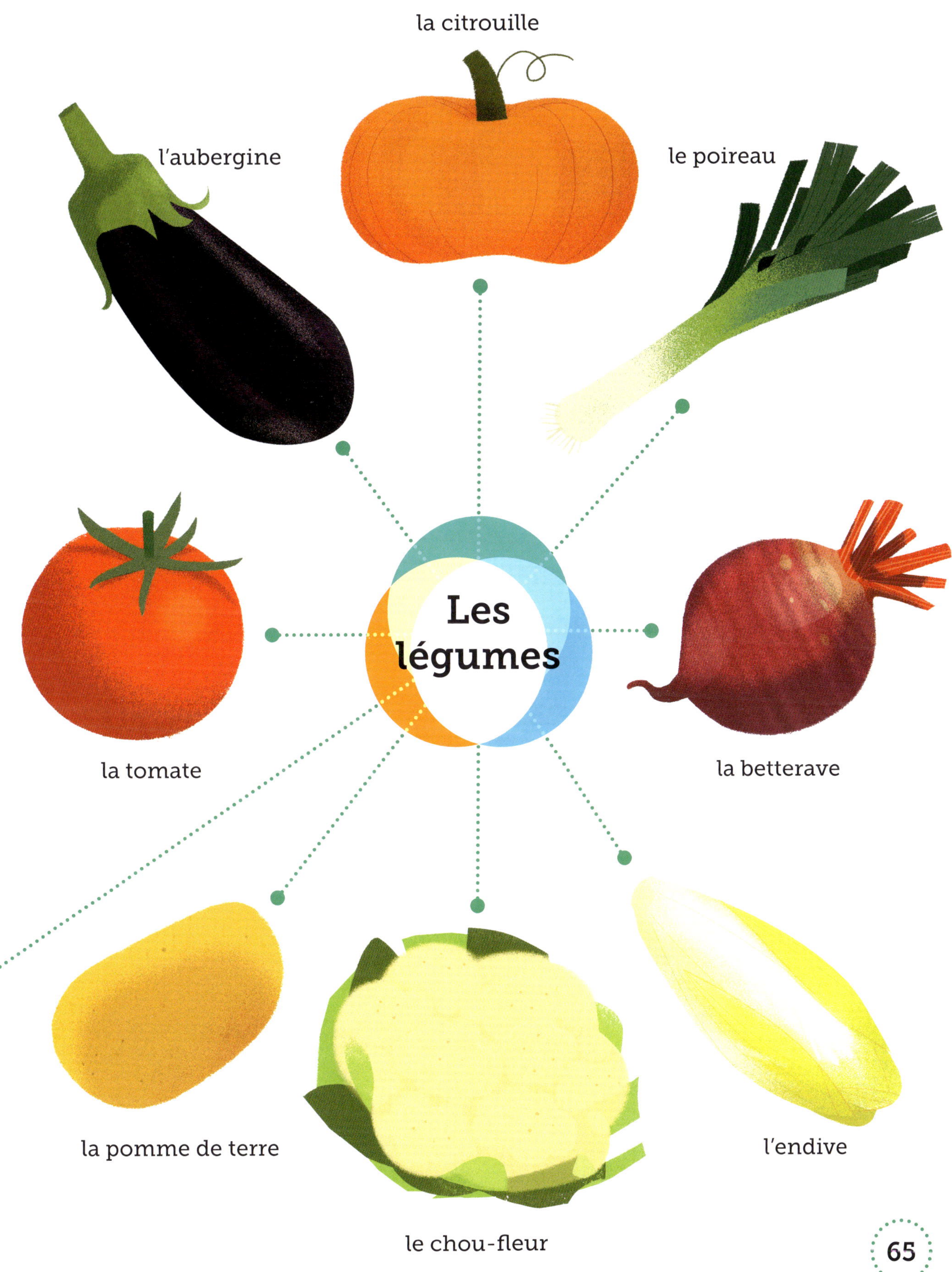

la citrouille
l'aubergine
le poireau
Les légumes
la tomate
la betterave
la pomme de terre
l'endive
le chou-fleur

L'amanite tue-mouches
champignon non comestible

Le cèpe
champignon comestible

le bolet
la girolle
le cèpe
le pied-de-mouton
Les champignons
la morille
l'oreille-de-Judas
la truffe
la chanterelle

la cime
le feuillage
la branche
le tronc
la racine
la radicelle
le bourgeon
la tige
la nervure
le limbe
la pointe
le pédoncule

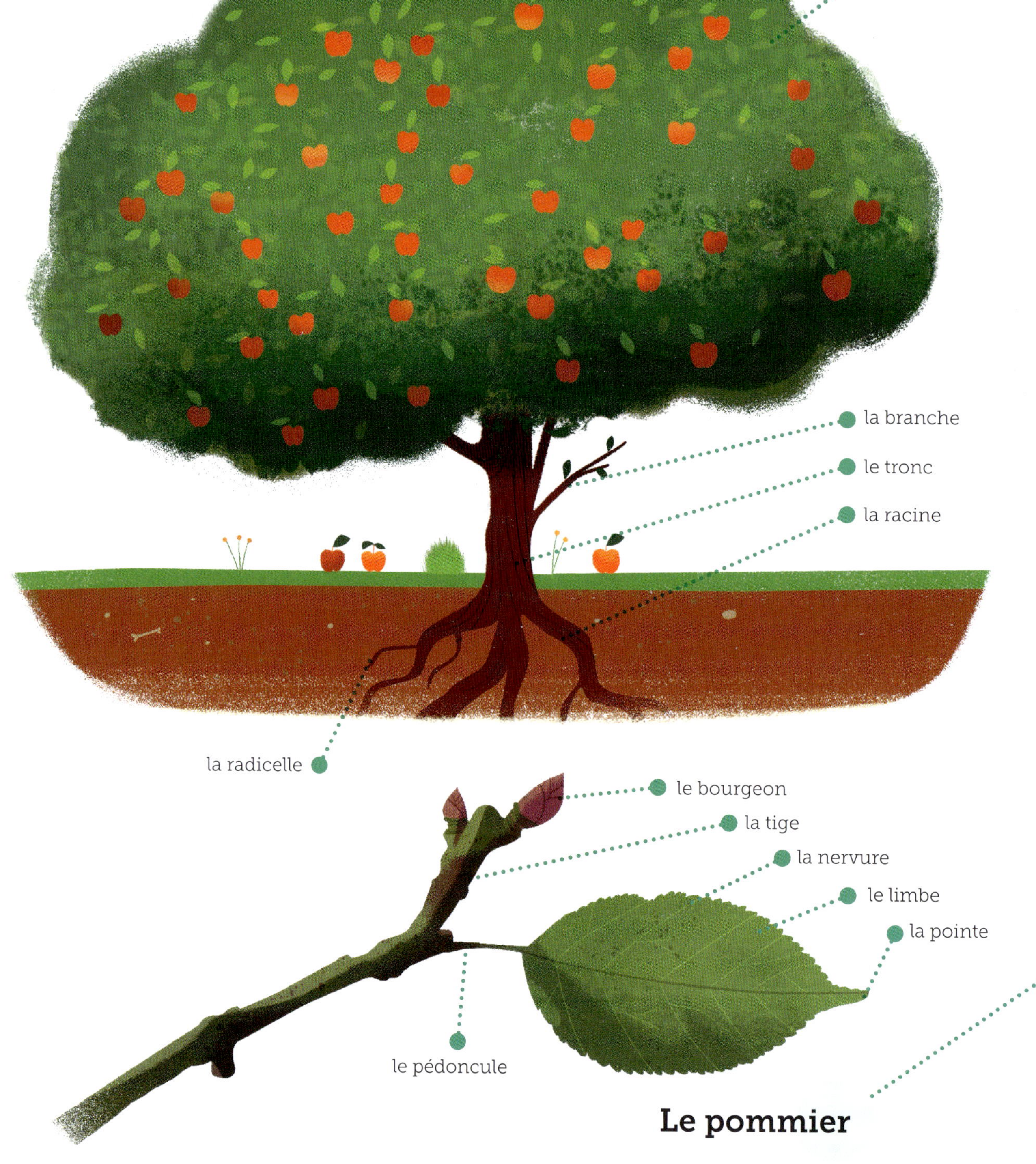

Le pommier

le saule pleureur
le bouleau
le peuplier
Les arbres
le châtaignier
le sapin

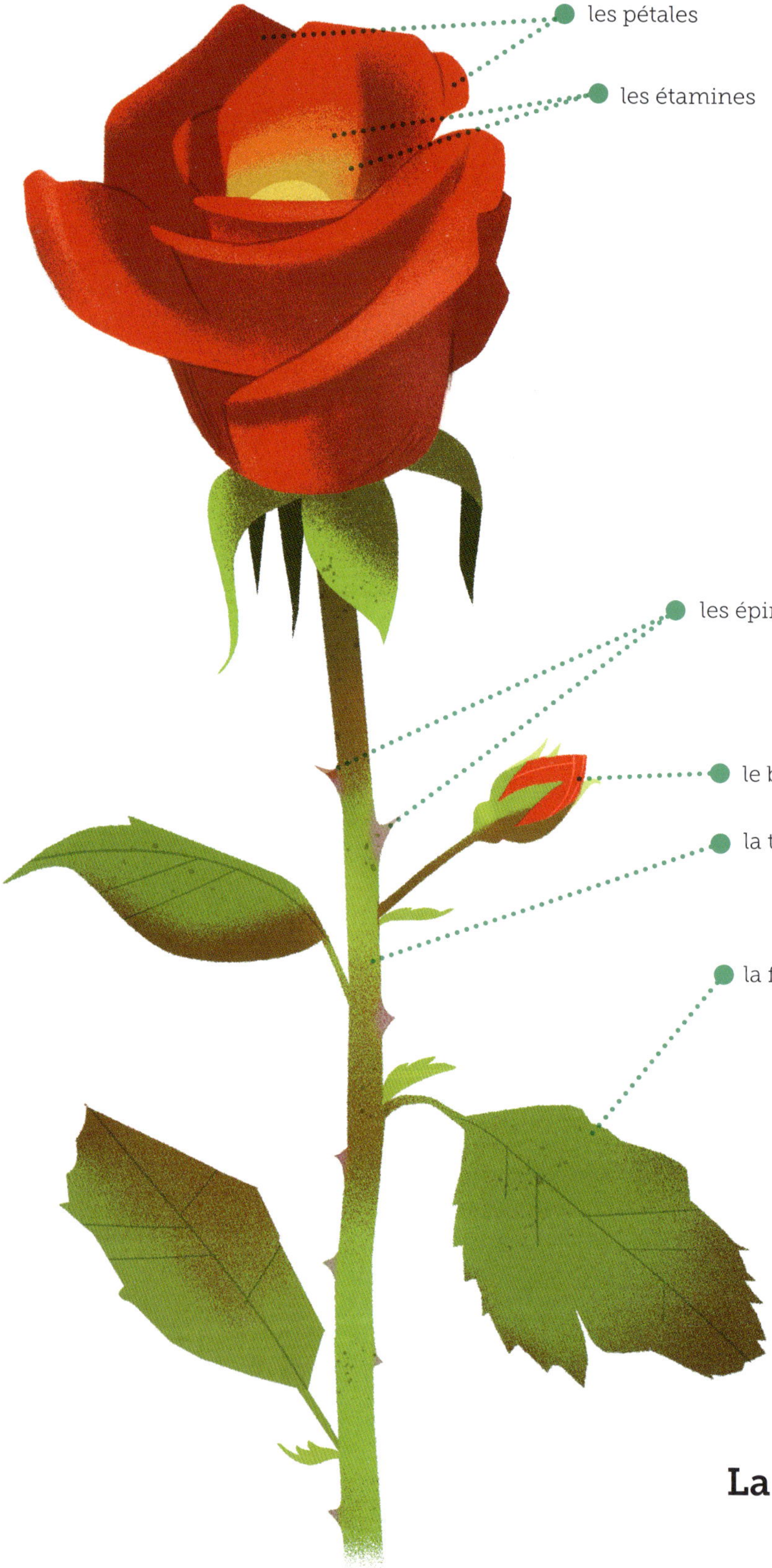

La rose

la tulipe
le pissenlit
le bouton-d'or
Les fleurs
le crocus
la pâquerette
la violette
la jonquille
le coquelicot

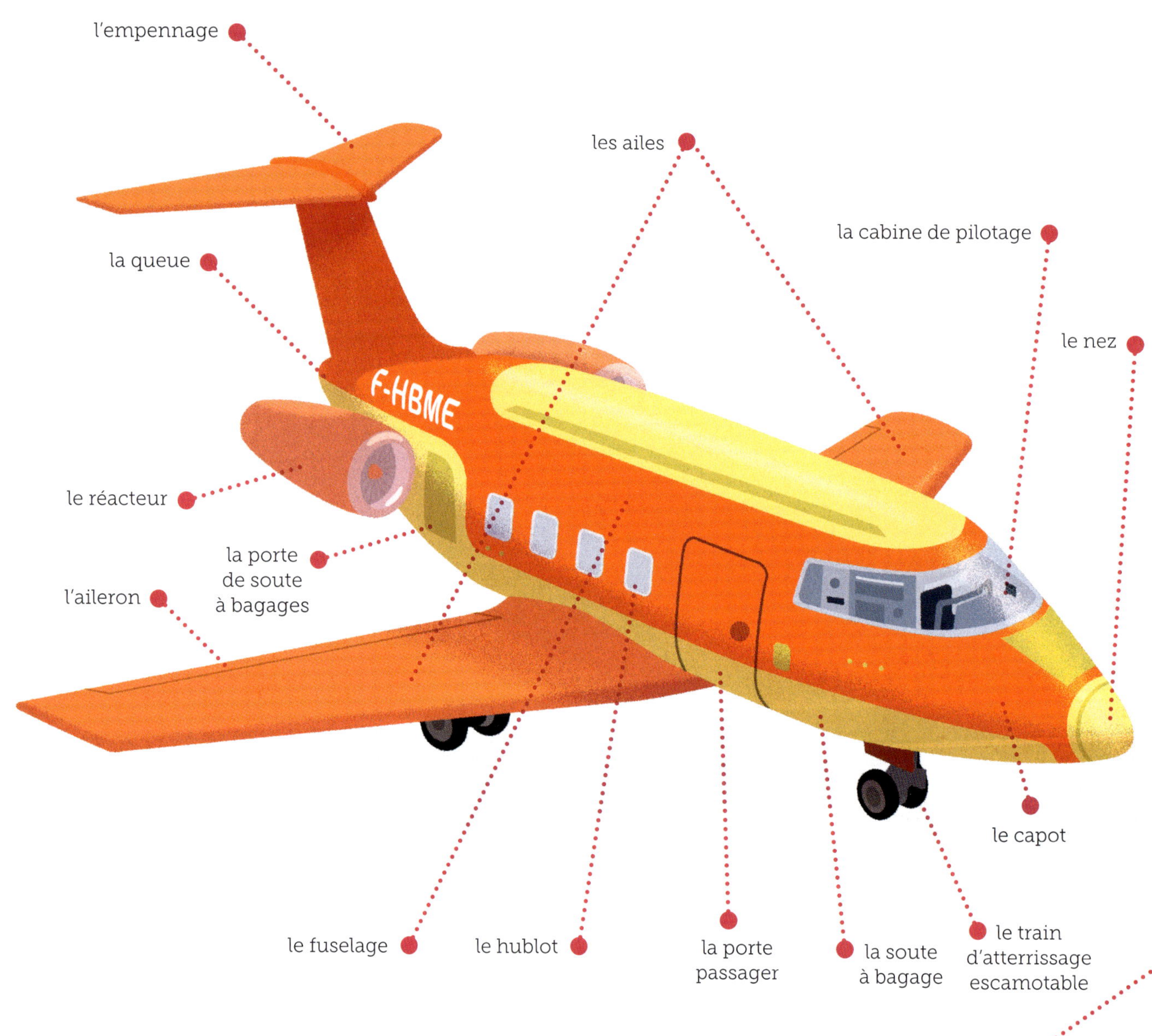

L'avion de ligne

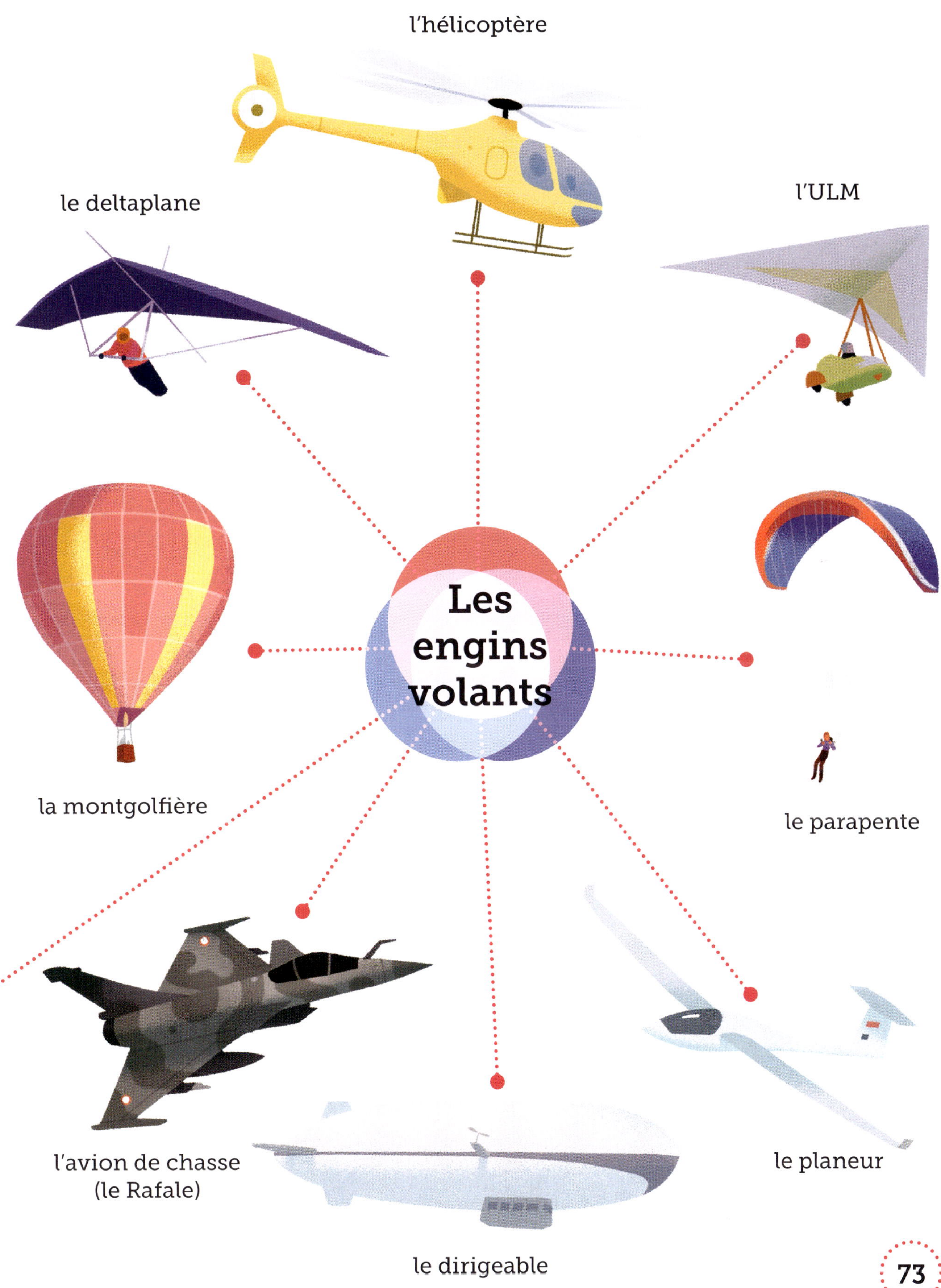
l'hélicoptère
le deltaplane
l'ULM
Les
engins
volants
la montgolfière
le parapente
l'avion de chasse
(le Rafale)
le planeur
le dirigeable

En route !
4. les deux satellites
se détachent du premier étage
5. les deux satellites
se désolidarisent
3. la coiffe
s'enlève
2. les propulseurs
se décrochent
1. le lanceur Ariane 5
lance la fusée
La fusée
74

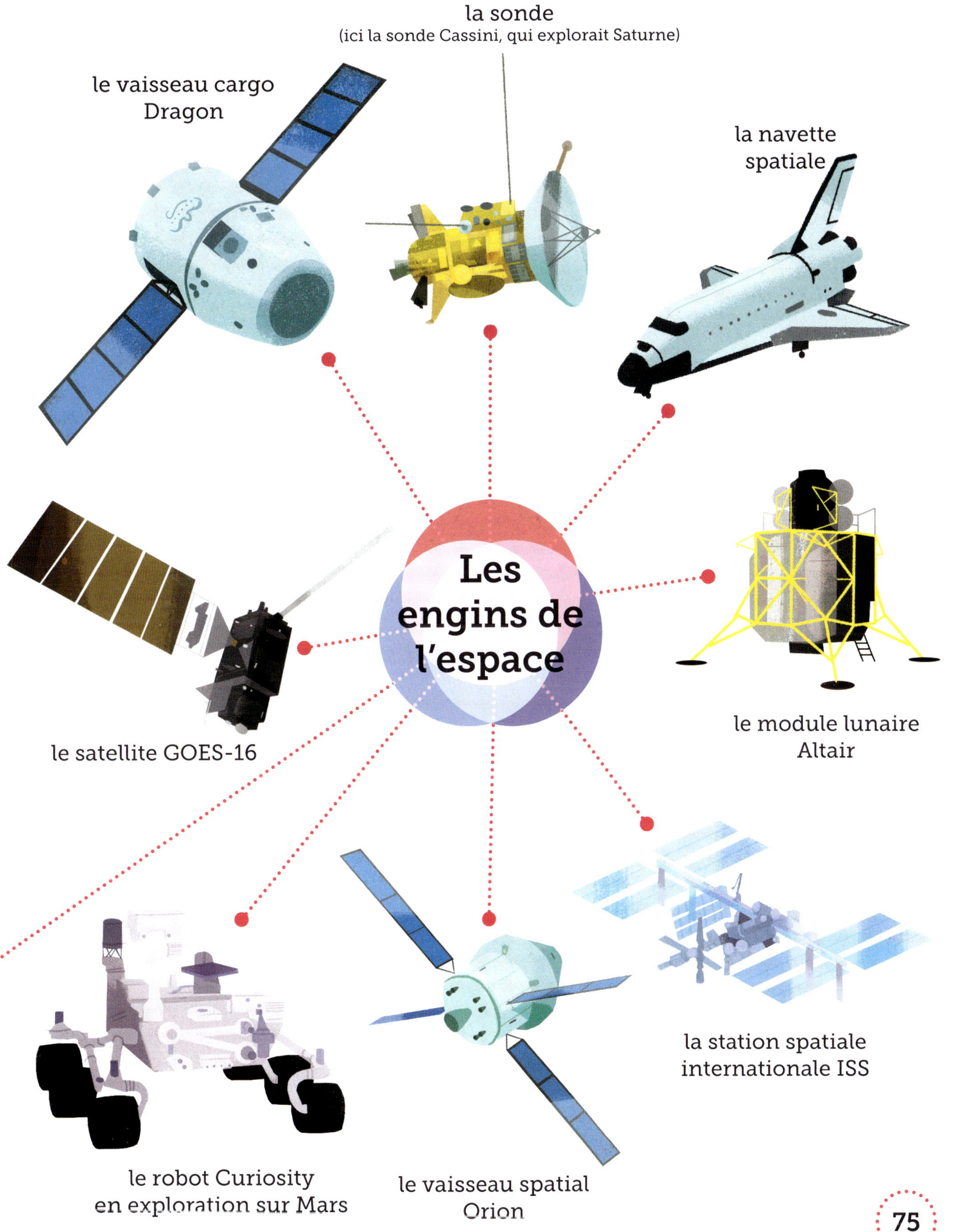

le vaisseau cargo
Dragon
la sonde
(ici la sonde Cassini, qui explorait Saturne)
la navette
spatiale
le satellite GOES-16
Les
engins de
l'espace
le module lunaire
Altair
le robot Curiosity
en exploration sur Mars
le vaisseau spatial
Orion
la station spatiale
internationale ISS

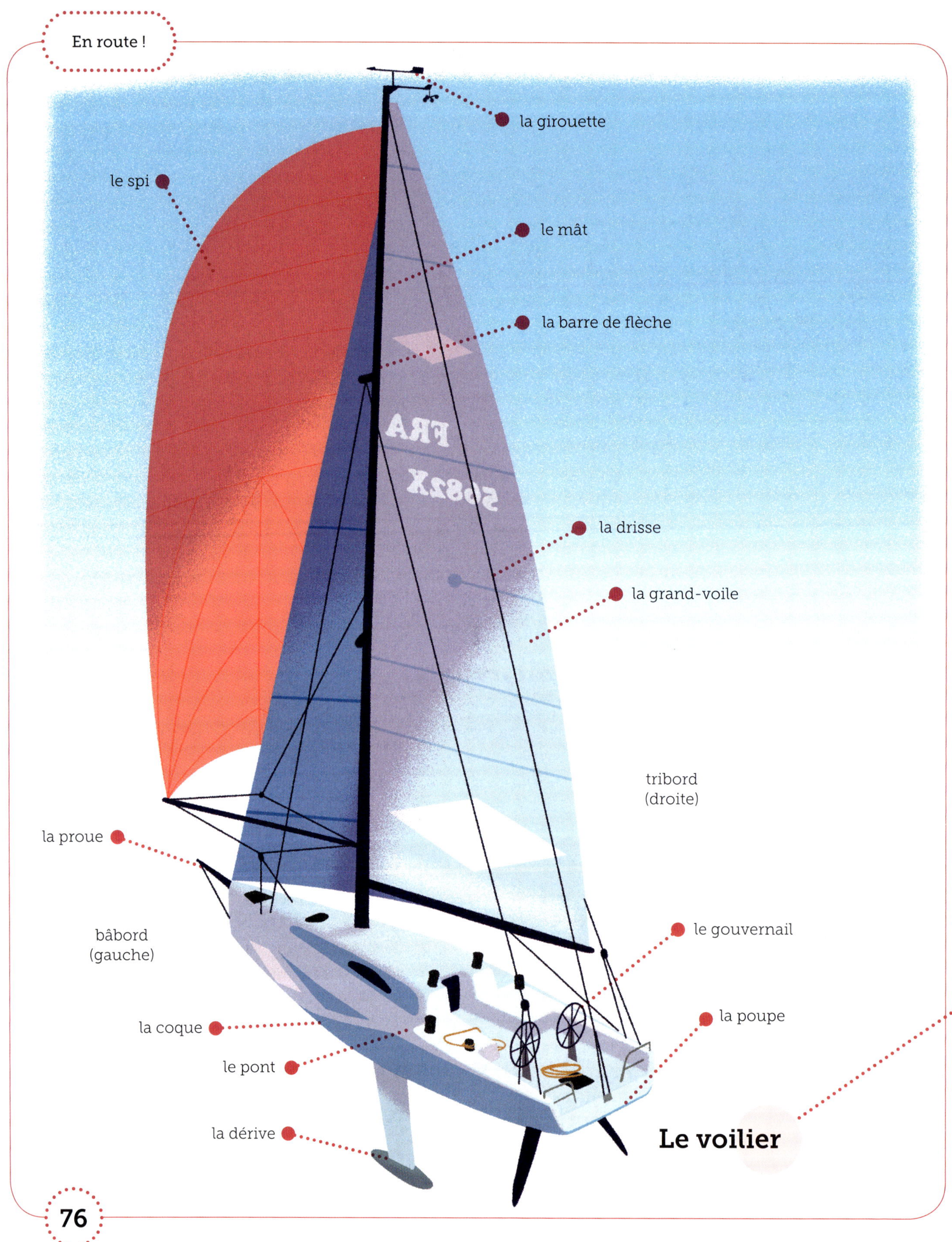

En route !
la girouette
le spi
le mât
la barre de flèche
la drisse
la grand-voile
tribord
(droite)
la proue
bâbord
(gauche)
le gouvernail
la coque
la poupe
le pont
la dérive
Le voilier

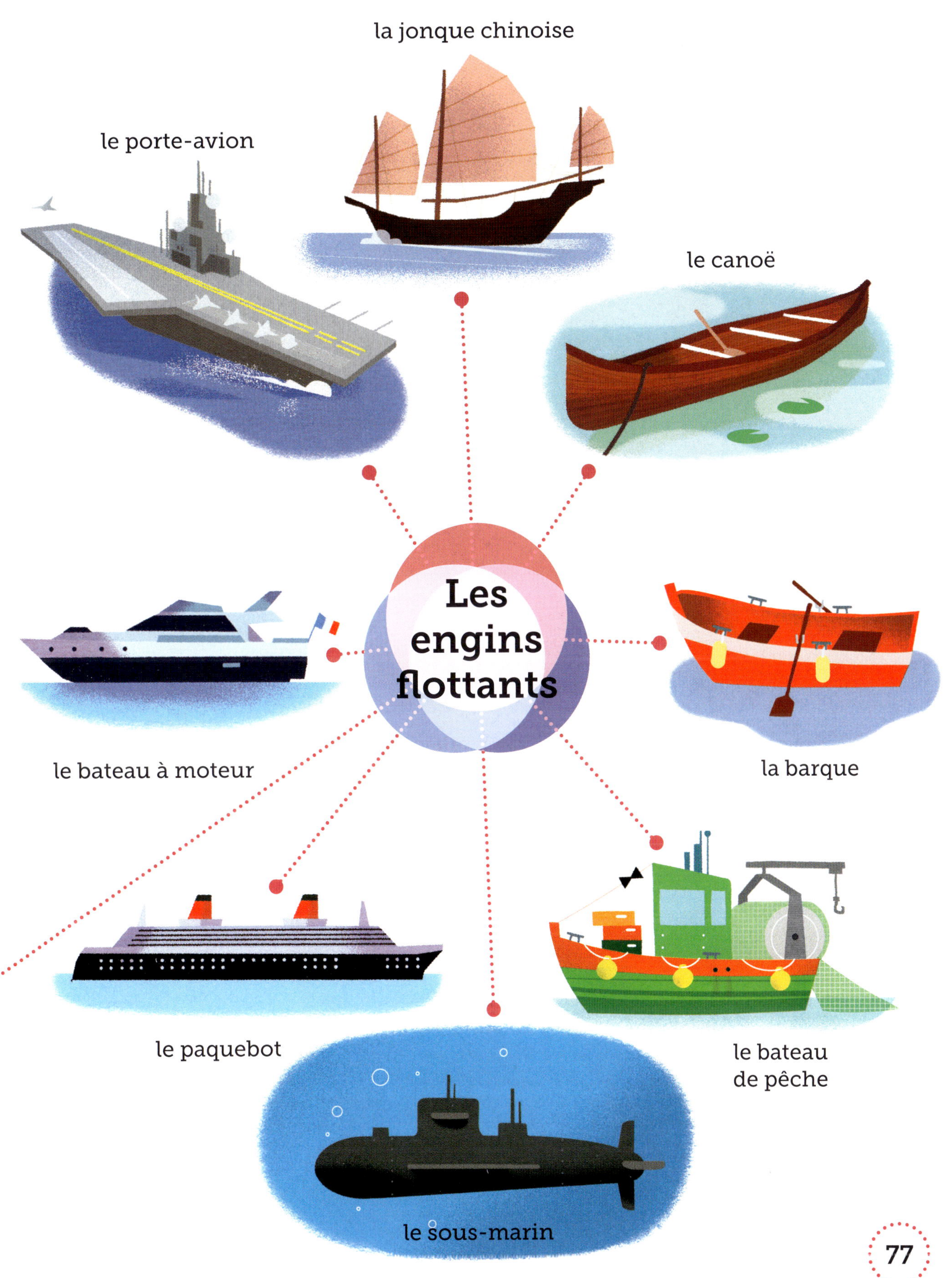

la jonque chinoise
le porte-avion
le canoë
Les engins flottants
le bateau à moteur
la barque
le paquebot
le bateau de pêche
le sous-marin

le pare-brise
la vitre
la portière
les feux de stop
le capot
le logo de la marque
BN-756-WK
la roue
la ceinture de sécurité
le rétroviseur
l'enjoliveur
la plaque d'immatriculation
les phares avant (de route, de croisement ou de position)
les feux de brouillard
le pneu

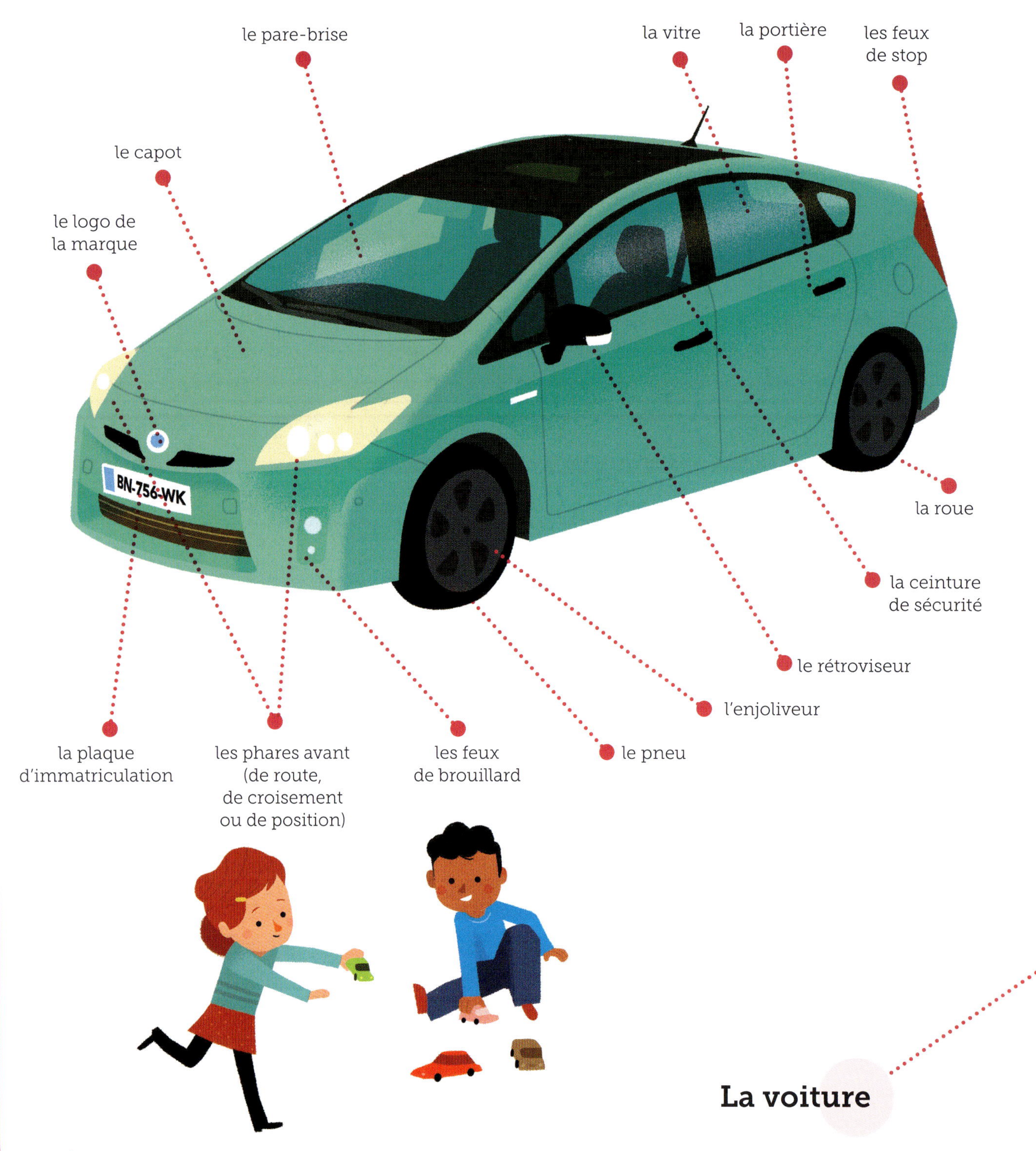

La voiture

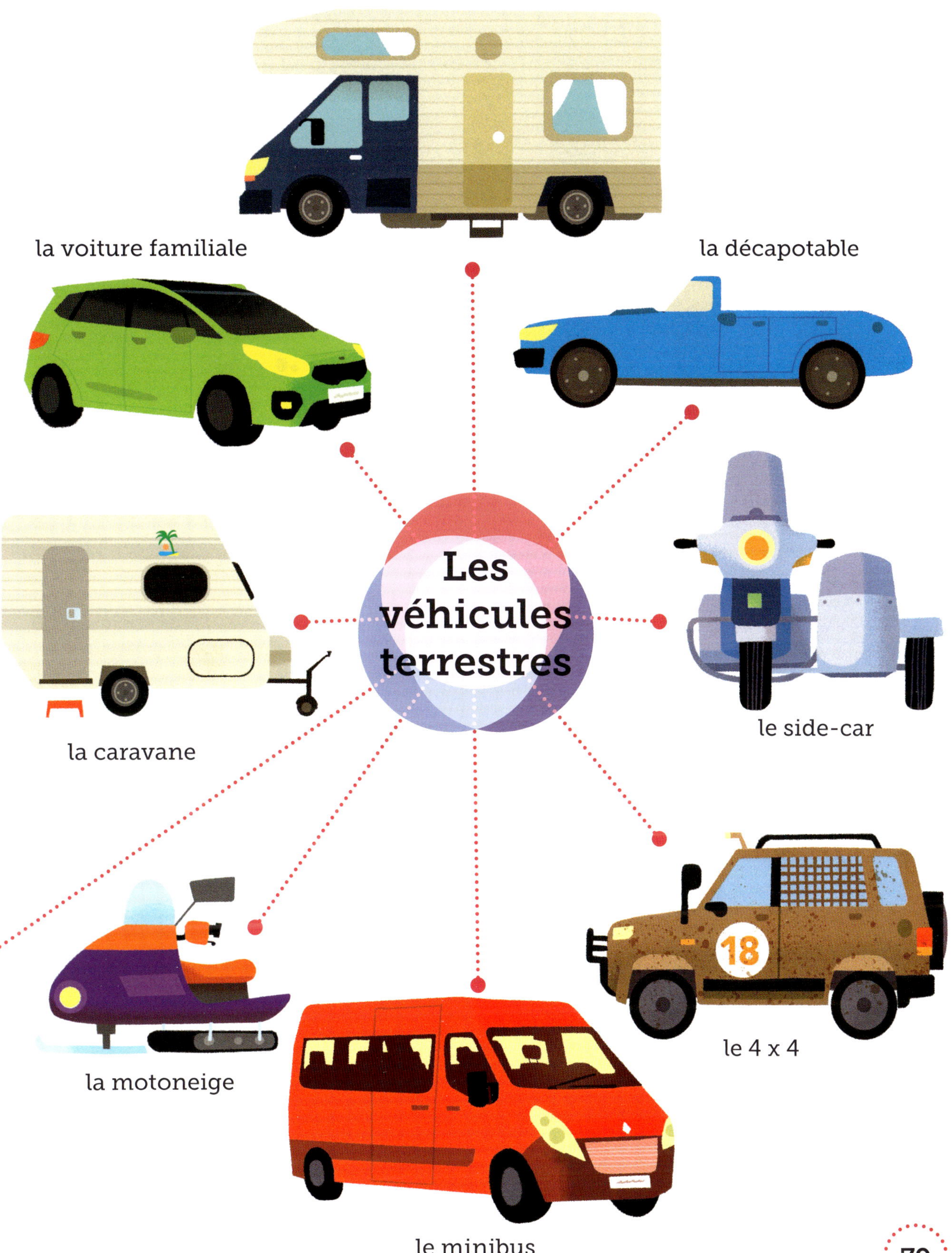

le camping-car
la voiture familiale
la décapotable
la caravane
Les véhicules terrestres
le side-car
la motoneige
le minibus
le 4 x 4

Le fourgon pompe-tonne

le camion-poubelle
l'ambulance
la voiture de police
POLICE NATIONALE
POLICE
le camion de nettoyage
le taxi
Les véhicules professionnels
LA POSTE
URGENCE
le camion de la Poste
le véhicule de secours aux victimes
le camion-fourrière

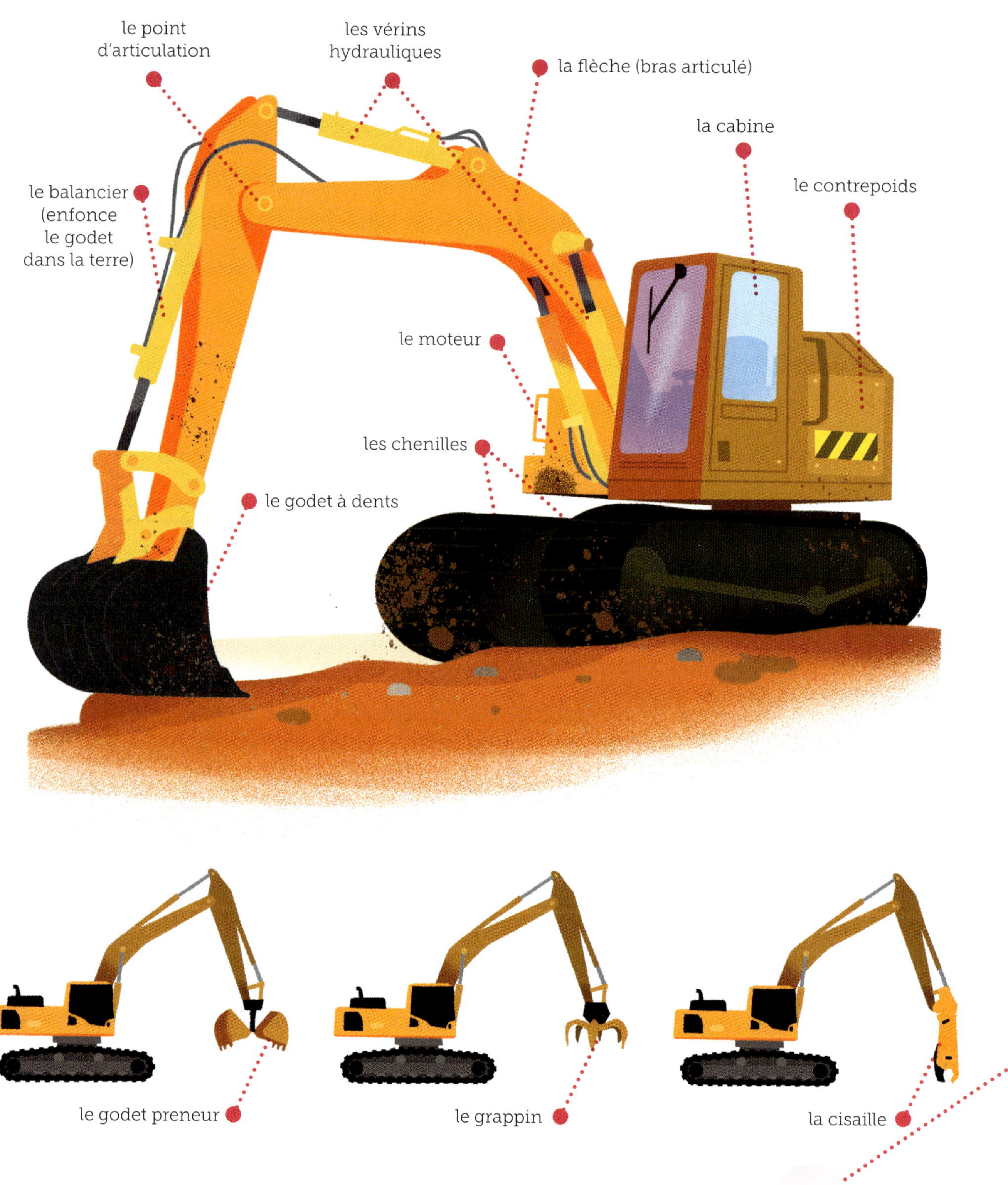

La pelle hydraulique

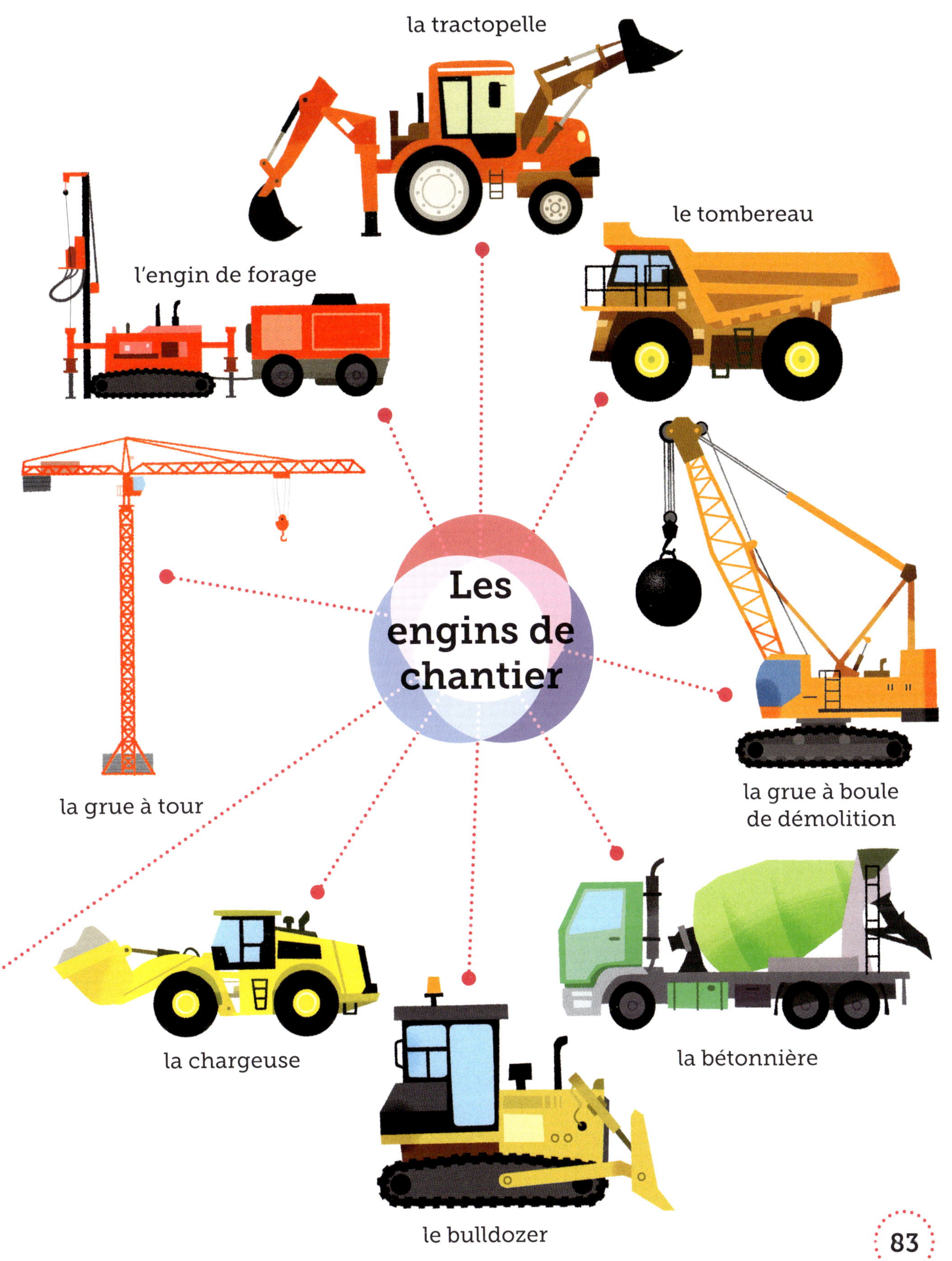

la tractopelle
l'engin de forage
le tombereau
la grue à tour
Les engins de chantier
la grue à boule de démolition
la chargeuse
le bulldozer
la bétonnière

le train Corail

les voitures,
dont la voiture
restaurant

la locomotive

la caténaire

le pantographe

le câble

la voie
ferrée

le balast

le compartiment
voyageurs

le compartiment
bagages

le TGV

la cabine de conduite

le feu de position

le projecteur

le chasse-pierres

Les trains de voyageurs

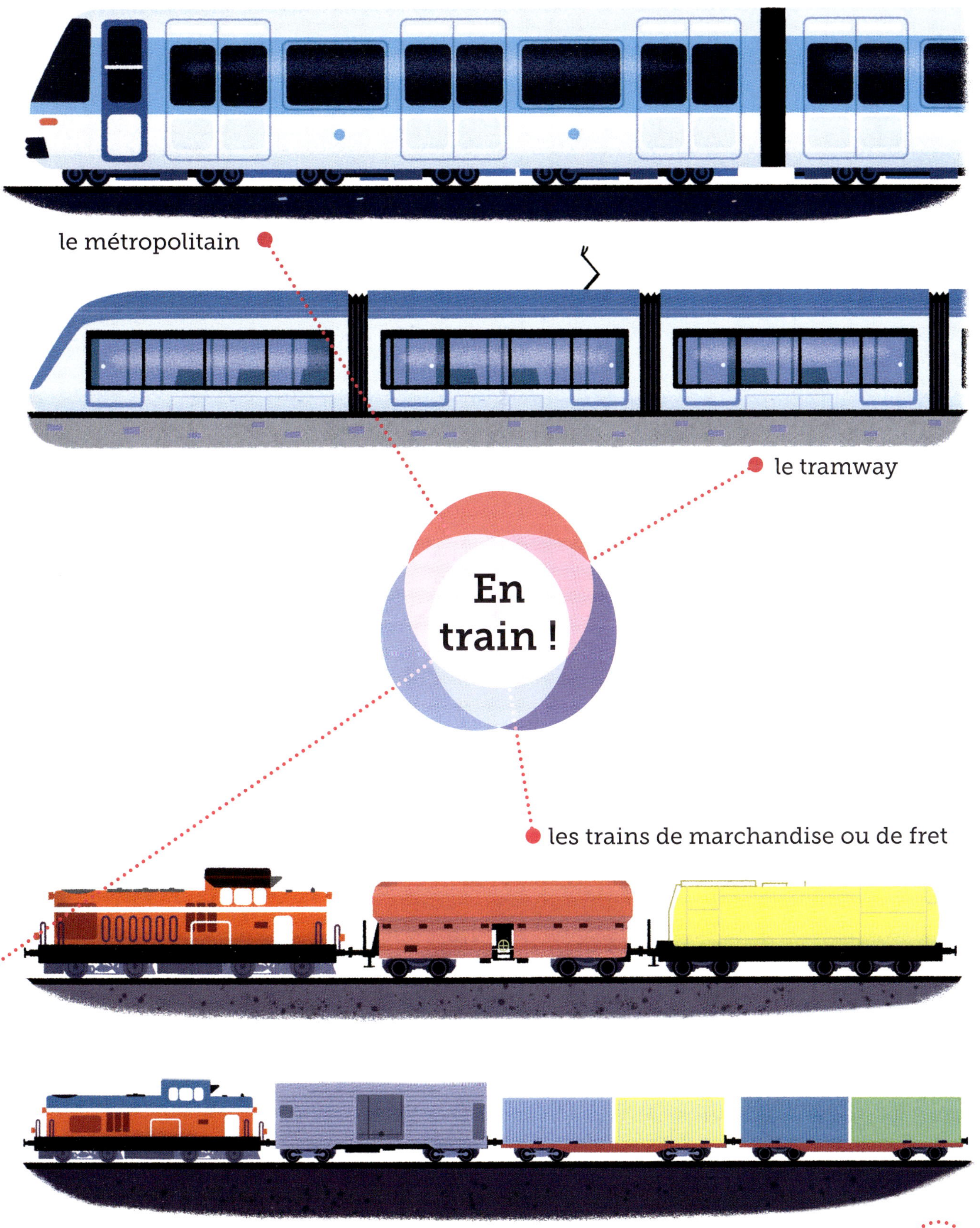

le métropolitain
le tramway
En train !
les trains de marchandise ou de fret

Index

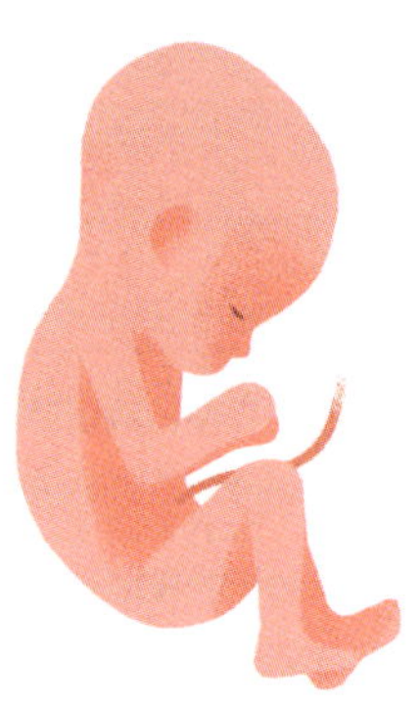

4 x 4 79

A

abdomen.........................38
abeille.............................39
Abraham 18
accordéon.......................23
Acropole (Grèce)..............55
Afrique............................54
agriculteur......................25
aigle...............................45
aile........................ 36, 38, 72
air
   chaud...........................60
   froid............................60
aisselle 10
Ajaccio...........................52
Alexandre le Grand..........19
allosaure.........................33
Alpes..............................52
altocumulus.....................59
altostratus.......................59
amanite tue-mouches ...66
ambulance 81
Amérique.........................54
Amiens............................52
amphibien............... 40, 41
ampoule (1879 – Edison)17
ânesse.............................42
Angkor (Cambodge)........55
anguille...........................35
anneau............................66
annulaire.........................10
ânon...............................42
Antarctique 54
antenne....................38, 56
antenne radio..................80
arachnide........................39
araignée..........................38
arbitre.............................20
arbres..............................69
arc-en-ciel 61
arc de pénalty..................20
arènes de Nîmes..............53
arrière............................20
arrosoir...........................28
arthropode 39

Asie 54
assiette
   creuse 30
   plate 30
astéroïde..........................49
atmosphère......................50
aubergine 65
auriculaire 10
automobile à vapeur
   (1769-1771 – fardier
   de Cugnot) 17
avion...............................72
   de chasse (Rafale) 73

B

bâbord.............................76
baguettes 22
balais...............................22
balancier..........................82
balcon..............................56
ballon..............................20
barbillon..........................34
barque..............................77
barre de flèche 76
barre d'outils 16
basketball 21
bassin..............................11
bateau à moteur 77
bateau de pêche 77
batterie............................22
bébé 8
bec...................................44
bêche...............................29
bernard-l'ermite 47
Besançon 52
bétonnière........................83
betterave 65
binette..............................29
bleu de travail 15
blobfish
  (poisson des abysses) .35
boîte aux lettres 56
bol 30
bolet 67
bonnet 14
Bordeaux..........................52
bouche.................10, 34, 38

Bouddha..........................18
bouleau...........................69
bourgeon 68
bouton 14, 70
bouton-d'or.....................71
brachiosaure....................33
braguette 14
branche 68
bras 10
brique..............................56
brouette 28
brouillard 61
bulbe...............................28
bulldozer 83
but...................................20

C

cabine 80
   de conduite..................84
   de pilotage 72
Caen 52
calme............................... 13
calotte..............................44
caméléon 41
caméra (intégrée)............. 16
camion
   de la Poste 81
   de nettoyage................. 81
   camion-poubelle 81
camion-fourrière 81
camping-car..................... 79
canoë 77
capot 78
carafe 30
caravane..................... 57, 79
carotte 28
carpe................................ 34
case ou hutte
   des pygmées 57
caténaire 84
centaure 37
centre 20
cèpe 66, 67
cerise 63
cerisier.............................28
cerveau............................11
César (Jules).....................19

chair 62
champignon.....................67
    comestible..................66
    vénéneux....................66
chanterelle........................67
chapeau............................66
chargeuse 83
Charlemagne...................19
charleston.........................22
chasse-pierres................84
châtaigne 63
château
    de Chambord 53
    de Versailles (France) ..55
chaussette 14
chaussure 14
chauve-souris 43
chef d'entreprise 25
chélicère 38
cheveux
    blonds.......................10
    noirs 10
cheville 10
chevilles............................26
chevrons 32
chou-fleur.........................65
cime...................................68
cirrocumulus.....................59
cirrostratus 59
cirrus 59
cisaille...............................82
citernes..............................80
citrouille.............................65
clavicule............................11
clavier 16
clé
    à fourche 26
    à molette....................26
    à pipe 26
    polygonale 26
    USB 16
Clermont-Ferrand 52
clous 26
cœur..........................11, 62
coiffe 74
col 14
colère 12
Colomb (Christophe) 18
colonne vertébrale...........11
comète 49
compartiment
    à bagages..................84
    voyageur 84
compost 28
constellation.....................49
coque 76
coquelicot.........................71
Corail (train)......................84

corbeau 45
cordeau 28
cornemuse 23
corps qui tremble.............12
costume 15
côte 11, 32
cou 10
coude 10
couple 9
couteau..............................30
    à fromage 30
couverts de service.........30
crabe..................................39
crâne 11, 32, 46
crapaud 41
crevette 39
crinière 42
crochet 40
crocodile 41
crocus 71
croupe 42
croûte.................................50
crustacé 39
cubitus...............................11
cuillère à soupe................30
cuisine 31
cuisinier 25
cuisse 10, 40
cuit-vapeur 31
cumulo-nimbus........59, 60
cumulus 59
Curie (Marie).....................18
cycle de l'eau 58
cyclone 61
cymbale.............................22

D

danseuse...........................25
datte...................................63
décapotable......................79
défenseur 20
de Gaulle (Charles)..........19
dégoût................................13
deltaplane 73
dents 32
désert
    chaud..........................51
    froid.............................51
dévidoir de tuyau.............80
digicode.............................56
Dijon 52
diplodocus 33
dirigeable 73
djembé...............................23
doigt 44
dragon 36

E

écailles 34, 40
écharpe.............................14
échelle
    à coulisse...................80
    à main 80
éclair..................................60
écran 16
écumoire 31
éléphant............................43
embryon 9
emporte-pièces 31
enceinte 16
encolure 42
endive 65
engin de forage 83
engins
    de chantier.................83
    de l'espace.................75
    flottants......................77
    volants........................73
enjoliveur...........................78
entonnoir...........................46
épaule 10
épinards.............................28
épine..................................70
épine dorsale....................36
équitation 21
érable.................................69
escargot.............................47
escrime 21
estomac.............................11
Europe 54
évaporation.......................58
exocet (poisson volant) ..35

F

façade................................56
faucheux 39
faune 37
fémur..................................11
fenêtre 56
feu......................................36
feu de position 84
feuillage.............................68
feuille 70
fierté 13
filet de protection............28
fille 10
flèche (bras articulé).......82
fleurs 71
fœtus 9
foie 11
fond d'écran......................16

foudre 60
fouet 31
fourchette 30
fourchette à dessert........30
fourgon pompe-tonne...80
fraise 63
framboise 63
France 52
frère 8
front 10
fruit du dragon.................63
fruits 63
fusée 74

G

Gandhi 19
gant 14
garage 56
garçon 10
Garonne 52
genou 10, 40
girolle 67
girouette 76
glande à venin 46
goal 20
godet
    à dents 82
    preneur 82
gorge 44
gousse 64
gouttière 56
gouvernail 76
graffiti 56
grand-mère
    maternelle 8
    paternelle 8
grand-père
    maternel 8
    paternel 8
grand-voile 76
Grande Muraille (Chine) 55
Grande Ourse 49
grappin 82
gratte-ciel 57
grêle 61
grenouille 40
griffes (4) dont une en
    éperon 32
grosse caisse 22
grue
    à boule de démolition 83
    à tour 83
guitare électrique 23
gymnastique rythmique 21
gyrophare 80

H

haie......................................28
hanche 10
harpe 23
hélicoptère 73
hippocampe 35
honte 13
hublot 72
Hugo (Victor)....................18
huître 47
humérus 11

I

icône 16
igloo....................................57
iguanodon 33
imprimerie (vers 1450
    – Gutenberg) 17
index 10
infiltration.........................58
ingénieur
    en aéronautique.........25
insecte 39
intestins 11
isba......................................57

J

jaguar 43
jambe 10, 14
Jeanne d'Arc 19
Jésus...................................18
joie 13
jonque chinoise...............77
jonquille 71
joue 10, 44
judo 21
juge de touche 20
Jupiter.................................48
Jura......................................52

K

kangourou..........................43
Khan (Gengis)...................19

L

lac 51
lacet 14

M

lamelles 66
lampe à souder 27
lanceur Ariane 5 74
langue 40
    bifide............................40
languette 14
légumes..............................65
lézard 41
licorne 37
ligne
    latérale 34
    de but...........................20
    de touche 20
    médiane.......................20
Lille 52
limace 47
Limoges 52
locomotive 84
loge 62
Loire 52
louche 30
Louis XIV 19
Lune 49
lunettes de protection 26
Lyon.....................................52

machines............................27
Machu Picchu (Pérou)....55
Mahomet 18
mailloches.........................22
main 10
    chaude 12
maison
    japonaise 57
    sur pilotis....................57
majeur.................................10
mammifères 43
manche 14
manteau 14, 50
marmite 31
marmotte 43
Mars....................................48
Marseille............................52
marteau..............................26
Massif
    armoricain 52
    central 52
massif de fleurs...............28
mât 76
mât d'éclairage
    télescopique...............80
médecin..............................24

membres
    antérieurs 32
    postérieurs 32
menton 10
Mercure 48
mère 8
mésange 45
météorite 49
mètre 26
métropolitain 85
Metz 52
meuleuse d'angle 27
milieu 20
minibus 79
mixeur 31
module lunaire (Altair) ... 75
moineau 45
mollet 10
mollusques 47
monde 54
monstre du Loch Ness ... 37
mont Saint-Michel 53
montagne 51
montgolfière 73
Montpellier 52
morille 67
motoneige 79
mouche 38
mouette 45
moule 47
Mozart
    (Wolfgang Amadeus) .. 18
muscle raide 12
mycélium 66

N

nageoire
    anale 34
    caudale 34
    dorsale 34
    pectorale 34
    pelvienne 34
naissance 9
Nancy 52
Nantes 52
Napoléon Ier 19
nappe d'eau souterraine 58
narine 34
natation 21
nautile 47
navette spatiale 75
Néfertiti 19
neige 61
Neptune 48
nervure 68

nez 10, 72
Nice 52
nimbo-stratus 59
nœud 64
nombril 10
Notre-Dame de Paris 53
noyau
    externe 50
    interne 50
nuages 58

O

océan 51
    Atlantique 54
    Arctique 54
    Indien 54
    Pacifique 54
Océanie 54
œil-de-bœuf 56
œil 10, 34, 38, 40, 44, 46
œillet 14
œuf 9
oiseaux 45
olivier 69
omoplate 11
oncle 8
opercule, protection
    des branchies 34
orage 60
orange 63
orbite 32
ordinateur 16
oreille-de-Judas 67
oreille 10, 42
orque 43
orteil 10
otoscope 24
ouistiti 43
outils 26
ouvrier du bâtiment 25
ovaires 11
ovule 9

P

palais des Papes 53
panneau de
signalisation 80
pantalon 14
pantographe 84
papillon 39
paquebot 77
pâquerette 71

parapente 73
pare-brise 78
Paris 52
Parks (Rosa) 18
Pasteur (Louis) 18
patelle 47

patte 44
    antérieure 40
    griffue 36
    postérieure 40
peau 62
    lisse 40
pédales 22
pédipalpe 38
pédoncule 68
pélican 45
pelle hydraulique 82
pelouse 28
pénis 10
pépin (graine) 62
perceuse 27
père 8
péroné 11
persienne 56
pèse-personne 24
pétale 70
petits pois 64
peuplier 69
peur 13
phares 78
phénix 37
phonographe
    (1877 – Edison) 17
piano 23
Picasso (Pablo) 18
pied 10, 46, 66
    palmé 40
pied de framboisier 28
pied-de-mouton 67
pieuvre 46
pince 26
pissenlit 71
pistil 70
place Rouge (Russie) 55
plaine 51
planeur 73
plant de tomate 28
plantoir 29
plateau 51
pluie 58, 61
plumes
    de la queue 44
    des ailes 44
pneu 78
poche 14
poche d'encre 46

poêle 31
poignet 10
point de pénalty 20
pointe 68
poireau 65
pois (graines) 64
poisson-clown 35
Poitiers 52
Poitrail 42
Poitrine 10
pomme de terre 65
pomme 62
pommier 68
pompier 25
ponceuse 27
pont 76
pont du Gard 53
porte-avion 77
porte 56
portière 78
potager 28
pouce 10
poule 45
poumons 11
premier vol certain
    d'un avion à moteur
    (1903 – frères Wright). 17
professeur des écoles 25
projecteur 84
proue 76
pubis 11
pull 14
Pyrénées 52

Q

quadrant de corner........20
queue 42, 72
    à pointes 36
    (pédoncule)...................62

R

rabot 26
racine 64, 68
radicelle 68
radius 11
raie 35
raisin 63
râpe à fromage 31
râteau 29
rayon de soleil 61
réacteur 72
Reims 52
reins 11

Rennes.....................................52
reptile 40, 41
requin 35
réserve d'eau.......................28
respiration gênée............ 12
reste de la fleur..................64
Rhin..52
Rhône 52
rivière 51
robe de soirée................... 15
robot (Curiosity) 75
roitelet.....................................44
rond central 20
rose 70
rosier 28
rotule 11
Rouen 52
rouge-gorge 45
rugby 21

S

sabot..42
salade 28
salamandre 41
    géante du japon 41
sapin...69
sardine 35
satellite....................................74
    (GOES-16) 75
Saturne 48
saule pleureur 69
scarabée 39
scie
    circulaire.........................27
    égoïne...............................26
    sauteuse...........................27
scorpion..................................39
sécateur 29
seiche 47
Seine..52
semelle 14
semis de tomate 28
serfouette...............................29
serpette...................................29
serre-joint...............................26
serre 28
serviette de table 30
seuil 56
Shakespeare (William) 18
side-car 79
sillon..28
sirène 37
smoking 15
sœur 8
Soleil..48

sonde..75
sonnette 56
soupière 30
sourcil 10
sourcils froncés 12
souris..16
sous-marin 77
spermatozoïde 9
sphinx 37
station spatiale
    internationale (ISS)......75
statue de la Liberté
    (États-Unis) 55
stégosaure 33
stéthoscope 24
Strasbourg 52
stratocumulus 59
stratus 59
surface de but......................20
surface de réparation......20
surprise....................................13
Sylda, système de
    lancement double 74
système solaire 48

T

table d'examen..................24
Taj Mahal (Inde)...............55
talon..10
tante 8
tapis de souris 16
taupe 43
taxi 81
téléphone (1876 – Bell)... 17
tennis 21
tentacule 46
tenue
    de chantier.....................15
    de motard 15
    de pêche 15
    de plage...........................15
Terechkova
    (Valentina).....................18
terrain de foot.....................20
terrasse 56
Terre 48, 50
testicule 10
tête 38
TGV...84
thorax.............................. 10, 38
tibia...11
tige 64, 68, 70
tique 39
toise 24
tom..22

basse 22
tomate..................................65
tombereau.........................83
tornade 61
tortue....................................41
Toulouse 52
tour Eiffel 53
tournevis
   cruciforme 26
   plat 26
tractopelle.........................83
train
   d'atterrissage 72
   de marchandise
   ou de fret 85
tramway 85
transplantoir....................29
tribord 76
tricératops 33
tristesse 13
triton.....................................41
trompe 38
tronc....................................68
trou noir 49
truffe 67
tuba 23
tubes 66
tuile 56
tulipe 71
tuteur...................................28
tuyau 80
tyrannosaure 32

U

ULM 73
Uranus 48
utérus 11

V

vaisseau cargo (Dragon) 75
véhicule
   de secours aux
   victimes 81
   spatial (Orion) 75
véhicules
   professionnels 81
   terrestres.......................79
vélocipède (1867-1868
   – Michaux)....................17
vélociraptor......................33
ventouse 46
ventre....................10, 34, 44
Vénus 48

verre
   à eau..............................30
   à vin.................................30
vertèbres
   caudales (queue) 32
   cervicales.....................32
   dorsales.........................32
vessie...................................11
vêtements 14
viaduc de Millau 53
Vinci (Léonard de) 18
violette 71
violoncelle.........................23
vipère 40
vis 26
vitre......................................78
voie ferrée.........................84
Voie lactée,
   notre galaxie...............49
voilier 76
voiture 78, 84
   de police 81
   familiale 79
voiture-restaurant 84
Vosges.................................52
vulve 10

Y

yéti 37
yeux plissés 12
yourte mongole...............57

Direction de la publication : Sophie Chanourdie

Édition : Virginie de Ruffray

Conception graphique : Bénédicte Lainé

Fabrication : Rebecca Dubois

Texte : Caroline et Virginie
Instagram : leslivresdeCarolineetVirginie

Illustrations : Olivier Latyk

© Larousse 2019

21, rue du Montparnasse – 75006 Paris

ISBN : 978-2-03-594681-2

Imprimé en Espagne

Dépôt légal : mars 2019

320287-01/11036300 – février 2019